COUTUMES

DE

LARROQUE-TIMBAUD

(Extrait de la *Revue historique de droit français et étranger.*)

Paris. — Typographie HENNUYER ET FILS, rue du Boulevard, 7

COUTUMES

DE

LARROQUE-TIMBAUD

1270

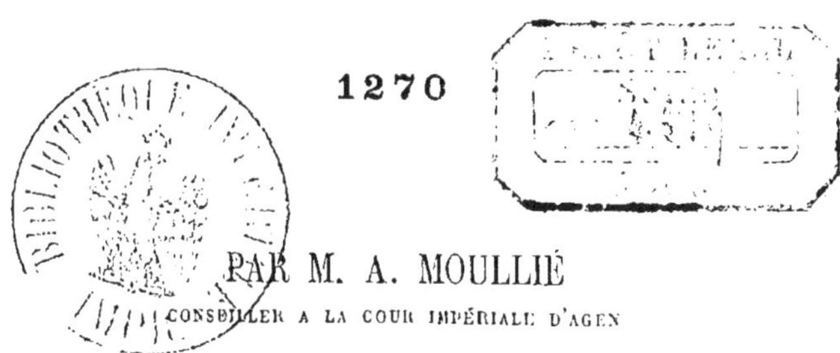

PAR M. A. MOULLIÉ

CONSEILLER A LA COUR IMPÉRIALE D'AGEN

PARIS

AUGUSTE DURAND, LIBRAIRE-ÉDITEUR

RUE DES GRÈS, 7, ET RUE TOULLIER, 1

1865

COUTUMES

DE

LARROQUE-TIMBAUD

1270.

INTRODUCTION.

Larroque-Timbaud, en roman *Larroca-Tigbaut*, ou plutôt *la Rocca-Tigbaut*[1], et en latin *Rupes Theobaldi*, est aujourd'hui un chef-lieu de canton dans le département de Lot-et-Garonne. Cette ville était autrefois le centre d'une petite seigneurie, ou châtellenie, *castelh, castellania, castrum*, dépendante de l'ancienne terre ou ancien comté d'Agenais.

Sa situation est pittoresque. Elle est assise sur un plateau élevé d'où le regard plonge sur des gorges étroites et profondes, et surmonte d'énormes blocs de rochers taillés à pic, justifiant parfaitement ce nom de *Rupes* qu'elle paraît avoir reçu dès l'origine. Ce plateau, aujourd'hui traversé par le chemin de fer de Périgueux à Agen, est percé d'un long tunnel d'environ 1,000 mètres. On voit encore dans un coin de la ville et dans la partie la plus inaccessible les restes d'une construction massive, depuis longtemps inhabitée, que les habitants appellent *le Château*.

[1] Le mot *Rocca* ne signifiait pas seulement rocher, mais *lieu fortifié*, *château*, centre ou lieu de résidence féodale sur un rocher ou sur la pente d'un rocher. Voir Ducange, v[is] ROCA, ROCCA, ROCHA.

1

Le pays environnant était autrefois couvert de forêts, et il s'y fait encore un assez grand commerce de bois à brûler. Les défrichements qui s'opèrent chaque jour permettent aujourd'hui d'y recueillir des céréales d'une qualité très-estimée, et des vins qui ne sont pas sans valeur. Ses foires et ses marchés, qui remontent à des époques très-reculées, ont toujours été très-fréquentés.

L'histoire de cette ville paraît avoir été la même que celle des autres localités de la même importance et placées dans des conditions analogues. Elle se compose d'un petit nombre de faits. S'il faut en croire la tradition, elle aurait été fondée par un seigneur du nom de *Thibaud* ou *Tigbaud*, et par corruption *Thimbaud*. Sa fondation doit remonter, selon la même tradition, à la fin du dixième siècle, ou, au plus tard, au commencement du onzième. Thibaud ou quelqu'un de ses successeurs dut lui accorder quelques priviléges. C'est du moins ce qui semble résulter de quelques vagues indications puisées dans la charte de ses coutumes. Mais ces priviléges furent notablement agrandis en 1270, et, à partir de ce moment, on la voit occuper un certain rang parmi les villes municipales de l'Agenais.

Durant les guerres anglaises du quinzième siècle, elle paraît avoir été assiégée plusieurs fois, et notamment en 1417, époque où la trahison la livra aux Anglais[1]. Elle fut, du reste, reprise presque immédiatement.

La charte des coutumes de Larroque-Timbaud porte la date du 24 avril 1270. Les dispositions en sont empruntées en grande partie au livre des coutumes de la ville d'Agen, siége du diocèse et chef-lieu du comté d'Agenais. Le texte original en était perdu depuis longtemps et il n'en existait, avant 1789, qu'un *translat*, c'est-à-dire une transcription ou traduction [car on ne sait pas au juste lequel de ces deux sens il faut attribuer à ce mot], qui devait être du quatorzième ou du quinzième siècle. Ce *translat*,

[1] Saint-Amans, *Hist. de Lot-et-Gar.*, t. I, p. 243. Cet historien dit avoir puisé ce fait dans Darnald, *Antiquités d'Agen*, Paris, 1608.

dont l'existence, au commencement du dix-huitième siècle, se trouve formellement attestée, dut être détruit en 1793, comme tant d'autres documents précieux qui, à Larroque-Timbaud comme ailleurs, furent sacrifiés à l'idole de la prétendue liberté.

Toutefois, par un hasard heureux, le sacrifice n'a pas été aussi complet qu'on aurait pu le redouter. L'ancien texte a disparu, il est vrai; mais il en est resté, dans une étude de notaire, une copie officielle à laquelle sans doute on ne prit pas garde, et qui nous a été conservée.

Voici comment et dans quelles circonstances cette copie a été faite :

Vers l'année 1714 ou 1715, les habitants de Larroque-Timbaud, dont il paraît qu'on voulait aggraver la situation au sujet de quelques redevances féodales, eurent à soutenir un procès. La cause fut portée devant le parlement de Bordeaux, et la cour, pour mieux se renseigner sans doute, ordonna la production de quelques actes anciens, et notamment de la charte de 1270, ou, pour mieux dire, du *translat* de cette charte qui depuis longtemps tenait lieu d'original; mais ce *translat* écrit, suivant toute apparence, en écriture gothique, eût été pour la cour un véritable grimoire. On imagina alors d'en faire faire une transcription, en forme d'expédition, par une espèce d'expert nommé Gratioulet et qualifié de bourgeois de Prayssas [1]. On poussa même la précaution jusqu'à demander à cet expert la traduction des divers articles qui pouvaient se rapporter au sujet de la contestation. Gratioulet se mit à l'œuvre, et, quoique sans mission officielle, fit ce qui lui était demandé. Sa copie et sa traduction furent notifiées par huissier, et, après le procès dont on ignore d'ailleurs l'issue, passèrent dans l'étude d'un notaire chargé par les habitants de diriger leur cause.

C'est en 1822 qu'un des descendants de ce notaire, M. Batut de Pradines, alors notaire lui-même, et aujourd'hui avocat et

[1] Petite ville des environs, dont les coutumes ont été publiées dans la *Revue historique du droit français et étranger*, numéro de mars-avril 1860.

suppléant d'une justice de paix d'Agen, les a offerts à la ville de Larroque-Timbaud comme un souvenir de son passé et un précieux monument de son histoire.

Gratioulet, comme il est dit dans l'acte de notification, était *bien entendu au déchiffrement des anciennes écritures ;* mais il ne connaissait le roman que par ses affinités avec le patois du pays ; de plus, il était étranger à toute notion de droit. Il suit de là que, dans tous les cas où il a pu s'aider de l'idiome local, sa copie est irréprochable. Mais il n'en est pas de même des locutions propres au roman. Gratioulet les a défigurées sans pitié, tantôt coupant un mot en deux et rattachant ces deux moitiés aux mots qui précèdent ou qui suivent, et tantôt groupant en un seul jusqu'à trois mots distincts. Les locutions juridiques principalement y sont horriblement défigurées et, suivant toute apparence, je ne serais jamais parvenu à les restituer, si je n'avais eu à ma disposition quelques autres chartes de la même époque, de la même nature et écrites dans le même idiome. Je me suis surtout appuyé sur le livre des coutumes d'Agen, livre où, comme je l'ai déjà dit, le rédacteur paraît avoir abondamment puisé.

Malgré ces divers secours, je suis loin de me flatter d'avoir obtenu un texte irréprochable, surtout sous le rapport philologique ; mais je ne me suis pas un seul moment préoccupé d'obtenir cette perfection. J'ai recherché avant tout un sens clair et juridique. N'oublions pas, en effet, que ces sortes de chartes étaient des documents presque judiciaires, et qu'ils sont destinés beaucoup plus à servir à l'histoire du droit qu'à l'histoire de la langue.

A. Moullié.

Nota. — Tous les mots entre parenthèses sont ceux que j'ai cru devoir ajouter pour faciliter l'intelligence du texte, et dont l'absence paraît être le résultat d'omissions.

Les notes indiquées par de simples chiffres sont relatives aux transformations que j'ai cru devoir faire subir à des mots mal orthographiés, ou qui du moins m'ont paru tels.

Les notes indiquées par des chiffres entre parenthèses sont relatives à des observations que j'ai cru devoir faire soit sur les mots, soit sur les usages, soit sur les concordances à l'aide de rapprochements avec d'autres documents de la même nature ou de la même époque.

Les numéros placés en tête de chaque chapitre n'appartiennent pas au texte de Gratioulet, qui ne forme qu'un seul contexte.

Enfin, j'ai cru devoir faire précéder chaque chapitre d'un sommaire qui en fait connaître l'objet, et peut en faciliter l'intelligence à ceux qui ne sont pas familiers avec l'idiome roman.

AYSSO ES LO TRANSLAT[1]

DE

LAS COSTUMAS DE LAROQUA-TIGBAUT.

Al[2] nom del Paire e del Filh[3] e del Sant Esperit[4] e de nostra donna Santa Maria e de totz Sants et de totas Santas;

CONCESSION DES COUTUMES. — NOMS DES SEIGNEURS. — ÉNUMÉRATION DES PAROISSES QUI DOIVENT Y ÊTRE SOUMISES.

Conoguda causa sia als présentz e als avenidors que li senhor de Larroqua-Tigbaut (1), so es assaber[5], N[6] Amelh de Larroqua, cavaler (2), lo qual avia la quarta part en la senhoria[7] del meis castel; en Galhard (3) de Larroqua, donzel, lo qual avia la quarta part en la senhoria[8] del meis castel; en Jordas de Larroqua, donzel, en Tigbaut, son fraire, li qual avia l'autra quarta part en la senhoria del[9] meis castel; Garinas de Larroqua e la donna na (4) Serena, sa sor, e N Pan de Forcasson, marit de la meissa donna, li qual avia l'autra quarta part en la senhoria del meis castel.

[1] Tralat.
[2] Au.
[3] Fil.
[4] Esprit.
[5] Asaber.
[6] Ce signe *N* remplace la particule *En* qui précède presque toujours les noms propres.
[7] Seignoria.
[8] *Id.*
[9] Des.

E els appartenements (5) e volens[1] parvenir al cominal profegh del meis castel e dels habitants e habitadors en lo meis castel e els[2] appartenements (e) en la honor (6) del meis castel, ab voluntat, e autreiament dels cosols e dels[3] proshomes[4] e de tot lo poble del meis castel, donnero e autreiero, per lor e per totz los lors présents e avenidors per tot temps, als habitants e habitadors del meis castel, e en las perroquias de las gleyzias de nostra donna Sancta Maria del Puch (7) de Larroqua, e de sen Germa (8), e de sen Pey d'Auretual (9), e en tota la terra que li[5] digh senhor del meis castel an, ny[6] auran en la perroquia de Carpillo (10), las quals perroquias son del honor e dels apartenements del predigh castel de Larroqua-Tigbaut, totas e cadaunas en aquesta carta escriutas[7] per las quals costumas sia soniat (11) en drechura.

§ 1. — Le seigneur à son avénement doit prêter serment le premier. — Formule de ce serment. — Les habitants prêtent ensuite le serment de fidélité. — Formule de ce serment.

Prumerament accostumero (12) e establiro (13) que, quant alcus senhor del meis castel de Larroqua-Tigbaut comensara prumerament (a) renhar en la senhoria del meis castel apres la mort de son payre, o en autra manera (14), li proshomes[8] del meis castel e de la honor e dedins las dichas perroquias, de XIV ans (15) o d'aqui en sus, vengo devant lui al meis castel al dia que lor assignara, e jure aquel senhor sobre (ls) sans Evangelis devant totz que (a) totz e a cadaus los habitants e habitadors del meis castel, e en la honor, e dedins las predichas perroquias, sera bo e leyal[9] senhor, e gardara[10], e mentenra[11], e gardar fara senes enfranhement las costumas e ls establiments del meis castel, e totas las franquesas, e totas las drechuras, e

[1] Voulens.
[2] Pour *en los*.
[3] Des.
[4] Prud'hommes.
[5] Le.
[6] ey : la forme la plus ordinaire est *ni*.
[7] Escrientas.
[8] Gentilshommes.
[9] Loyal.
[10] Gardera, *Agen* porte *gardara*.
[11] Mentendra.

gardara totas las causas, en plagh e foras plagh, de tort e de forsa, de si meis e d'autruy, per totz locz, a son leyal[1] poder e a bona fe, e fara dregh al maior e al minor à totz cum bos senhor e leyal a son poder a bona fe (16);

E ades aqui meis que tugh e cadaus jure sobre (ls) sans Evangelis que ilh li seran[2] leyal e fidel en la sua partida (17) de la senhoria del meis castel, e gardaran sa vida[3] e sos membres e sas senhorias[4] e totas sas dreychuras que a e deu aver en lo predich castel de Larroqua-Tigbaut, e en la honor, e dedins las predichas perroquias, salvas las predichas costumas e lors franquezas (18).

§ 2. — Limites de la juridiction.

E nonmero e autreyero en aquestas presens costumas los dexs (19) que l meis castel (a) agut ancianament sa[5] en reyre enviro lo predigh castel e en sos apartenements, li qual son aquest.

So esassaber totz lo terradors[6] enviro lo predigh castel entro al valat de la planta; e d'aqui en aval entro al casse de la causada (20) del meis castel entro a la fon de l'Albuffiera; e d'aqui a la terra de malatorsa (21); e d'aqui endregh entroy a la fon de la Nayssa (22); e d'aqui entro a la mota (23) d'Arenaudel (24); e d'aquella mota entroy a Monforto (25); e d'aqui a Calveto (26); e d'aqui a la barrerra (27); e de la barrerra entroy al predigh valat de la planta.

§ 3. — Du bailli (28). — Le mode de sa nomination. — Ses fonctions ne durent qu'un an. — Son serment. — Ses attributions comme délégué des seigneurs.

Apres aisso an acostumat que per tot tems, cada an, lo dia o dins los tres dias de Pentecosta, s'ajusto en un loc ly senhor del meis castel; e aquilh que aqui seran presentz, e apelatz (29) ab lor los cosselhs[7] del meis castel, enlegisco un baile e (l)

[1] Loyal.
[2] Sera, *Agen* porte *seran*.
[3] *Agen* porte *vila*.
[4] *Agen* porte *sa senhoria*.
[5] So en reyre.
[6] Terадors.
[7] Cos : le reste du mot est emporté par la reliure.

meto el meis castel e en la honor, lo qual sia prudhommes e leyal, e sia cominal baille del castel de Larroqua-Tigbaut e de la honor per totz los senhors en tot aquel an (30);

E que jure ades lo meis dia al(s) senhor(s) e al(s) cosselh(s) que el[1] sera bo e leyals e fiels (31) als[2] meis senhors en lor senhoria e en la predicha baillia e en lor dreychura, e gardara[3] e mentenra fielment[4] las costumas e las franquesas e ls establimens del meis castel senes tot engan, senes tot contrast[5], e senes tot enfranhement, e fara e donnara dregh al maior e al minor e a totz, e los gardara de tort e de forssa de si meis e d'autrui, segon lors costumas, e segon dregh, e segon razo a son leyal poder, a[6] bonna fe, totz los homes e las femnas, habitants e habitadors el meis castel e en la honor, per totz locz (32), e totas lors causas, tant cum tendra la dicha bailla; e que tenra bo compte (33) e leyal senes tot engan de las justicias e dels gatges e de las drechuras dels senhors als meis senhors, e tendra a cadau de lor la sua partida (34) paziblament.

§ 4. — Consuls. — Au nombre de quatre (35). — Durée des fonctions pendant un an. — Elus par les sortants (36). — Peines en cas de refus de procéder à leur élection. — Leur serment. — Serment des habitants. — Peines en cas de refus ou d'omission du serment.

Acostumero que aia cosselhs (37) el meis castel de IV proshomes, e que per tot tems (lo) lendoma (38) de Pentacosta li cosselhs, qui auran estat a l'autre an avant aquest, s'ajusto essems en un loc secret (39) que elegiscon IV proshomes leyal, e de bona fama, e que sian estancians (40) en lo meis castel o dins[7] los dexs, li qual IV proshomes sio cosselhs de Larroqua-Tigbaut tot aquel an entro a l'autra Pentecosta;

E que se no i avia[8] aquella electio del cossolat, que l coste

[1] Els.

[2] Al.

[3] Gardera.

[4] Voir ci-dessous, p. 348, note 1.

[5] Contrats.

[6] e.

[7] Dens.

[8] Soanavia *en un seul mot dans le manuscrit.*

XX S. Darnaudens don fo la tersa part al cosselh e las doas parz als senhors.

E li meis IV proshomes juro ades aqui meis als senhors e als cavalers (41) e als donzels e als proshomes del meis castel e de la honor que sio tugh vengutz aquel dia, sobre (ls) sans Evangelis, en las mas dels autres que ls auran elegitz, que gardaran las drechuras (42) dels senhors e gardaran e mentenran fielment[1] las costumas del meis castel, e faran dregh al maior e al minor dels plaghs e dels negocis que seran devant lor, no gardat amic ni enemic, e que tendran leyalment lor offici del cossolat a bona fe.

E ades aqui meis, o dins VIII dias, que tugh li habitants en lo dich castel e en la honor vengo devant lo cosselh e jure lor que ls ajudaran e gardaran segon[2] las presentz costumas e lor seran[3] obedient(s) cum a bos cosselhs et fiels e bos gobernadors en lo profegh cominal del digh castel ;

E qui aissi no o juraria quada an (al) lendomas de Pentacosta o dins VIII dias, que l coste I sol (43) de gatges don fo la mitat als senhors e la mitat als cosselhs.

§ 5. — Le bailli et les consuls sortants doivent rendre leurs comptes (44) à la fin de chaque année aux sortants. — Délais de ce compte. — Mesures de contrainte.— Restitution des avances ou versement du reliquat. — Nul ne peut être consul ni bailli deux ans de suite.

E qui seria estat bailles e de cosselh que no o puscan estre (l')an apres entro aia passat entremech un an ; e al cap de l'an (aquel) que (i) aura (n) estad[4] rendo compte de tot quant aura (n) pres o despendut per causa del cossolat als autres cosselhs que auran eslegit quand lor o mandaran dins VIII dias, e que los ne pusca destrenher o penhorar, aissi cum obs sera, si no volia rendre compte ; e si plus avian[5] despendut que pres[6], que l castel e la

[1] Fialment : j'ai voulu faire concorder l'orthographe avec celle du paragraphe précédent.

[2] Tenor : mot qui n'a pas de sens.

[3] Seria : le serment au seigneur porte *seran*. J'ai cru devoir employer la même forme, d'ailleurs plus correcte.

[4] Erta.

[5] Auran.

[6] Appres.

vila o (la) honor lor o enmandes; e si plus avian[1] pres que despendut, que lo rendo als autres cosselhs.

§ 6. — Les deniers levés (45) sur la communauté doivent être employés à son profit.

E tot quant los cosselhs auran e levaran[2] per razo e per causa del cossolat devo metre e retornar del tot al cominal profegh del meis castel, aqui e en la honor.

§ 7. — Attributions du bailli. — Il a la plénitude de la juridiction. — Ses fonctions peuvent, en cas de besoin, être prorogées au delà d'un an.

E que l bailes del meis castel de Larroqua-Tigbaut aia cohorejo (46) replenera, (e) jurisdictio replenera de jutjar, e d'auzir, e de finir, e de menar a executio totas las causas e ls faghs e ls plaghs don seran fachas clamor(s) (47) a lui.

Empero si li senhor e ls cosselhs essems connoissio que fos[3] causa profechabla per causa appareyssent de profeghs de necessitat que poguesse plus estar[4] otra un an en la dicha baylia (que i reste tot tems que jutjaran)[5] que fos fazedor tot proshome leyal.

§ 8. — Compétence du bailli (48). — Toutes les contestations survenues entre les habitants, quelle que soit leur qualité, doivent être portées devant lui, hors les cas de compétence ecclésiastique et les actions réelles pour fief roturier.

E totz senhor, e cavaler, e donzel, e totz home, e tota femna del meis castel e de la honor que[6] (s)'en clame, quant se[7] volra clamar, de senhor, o de cavaler, o d'home[8], o de femna del

[1] Avio.
[2] Leveran.
[3] Fus.
[4] Far.
[5] J'ai dû ajouter ces mots comme complément indispensable de la phrase.
[6] Que n clame.
[7] Ce.
[8] Ome.

meis castel e de la honor[1] al baile del meis castel e no a autre senhor, ni a autre baile, si no o fazia[2] per colpa (49) o essonia[3] del senhor o[4] del baile del meis castel; e si o fazia que l gittes (50) (hom) d'aquel clam, e l rendes las mecios (51) que n faria[5], e que (li) coste XX sols de gatges don fosso las doas parts al senhor e la tersa part al cosselh.

E empero salvat e retengut que dels plaghs dels matrimonis (52) e d'aquel que so purament del (53) for[6] de sancta Glezia que sia faghs aco que n deu estre faghs per dregh escriut (54); mas totas las autras clamors que volia (n)[7] far li senhor, e li proshomes del digh castel e de la honor la us de l'autre que u sia faghs al baile del digh castel de totas actios personals;

E exceptat del plagh del feus (55), se clamor n'era facha als senhors del feus, si la actios d'aquels que s clamara es purament reals.

§ 9. — De la caution judiciaire (56). — Celui qui réclame doit fournir caution. — Il en est de même de son adversaire. — Cas où l'on est dispensé. — Serment qui y supplée.

E (que) aquel que s clamara ferma lo clam prumer a qui (57) se clamara; e aquel a cui se clamara hom, a qui que sia fagh aquel clam, ferme aquel senhor, si pot, per fermansas; e, si no pot, jure (58) sobre (ls) sans Evangelis que seguira aquel plagh e fara dregh que n denra devant lui, e que sas causas ni son cors no gandira (59), e que no pot donar fermansas per aquel plagh, e que donnara que n poiria[8]; et puis aia sos dias (60) costumals cum si avia fermat aquel de cui sera hom clamat o rancurat.

§ 10. — Caution judiciaire en matière criminelle. — Peut être fournie en cas de vol, d'incendie et crime autre que l'homicide (61). — Suppléée par le serment. — Ce serment doit être accompagné de la représentation et du séquestre des biens. — Surveillance de la personne.

Del laironessi (62), o de foc (63), o d'autre crim[9], salb homi-

[1] Entre *honor* et *al* on trouve o qui paraît inutile.

[2] Fara.

[3] Sonan.

[4] e.

[5] Fairia.

[6] Fort.

[7] Voilia.

[8] Pouiria.

[9] Il y avait ici *o* qui est inutile.

cidi, deu (hom) fermar[1], se pot fermansas donar, e que hom las i prengua; e, si donnar no pot, jure que no pot fermar e que no s'en gandira, e fara dregh, e mostre[2] (64) sas causas al baile e als cosselhs del meis castel; e ilh devo las gardar e bandir (65) en aquel cas, e devo gardar son cors ses[3] destressa (66).

§ 11. — Caution judiciaire. — Doit être imposée dans deux cas : 1° quand on sort des dépendances de la ville avant le jugement; 2° s'il y a eu homicide. — A défaut de caution, arrestation préventive.

E si pero eys[4] del sacrament (67) del digh castel entro (que) jutjament ne sia fagh, e si es proat que (aquel que) aia fagh homicidi ejz[5] del sacrament del meis castel, den hom (las) fermansas prendre, si las pot donar; e si no pot donnar, lo baile den gardar son cors tro que sia jutjat.

§ 12. — De l'homicide. — Le coupable doit être enseveli (68) vivant sous le cadavre de sa victime. — Confiscation de tous ses biens meubles et immeubles. — Le meurtre peut être excusé dans les cas prévus par le droit écrit. — Le montant de la dot de la femme et des dettes doit être prélevé avant la confiscation.

E si es proat que (hom) aia fagh homicidi contra forma (69) de dregh sia[6] justitiat aissi cum totz vios sia mes dejos lo mort e sebelit sos terra, e que totas las suas causas sio encorregudas als senhors del meis castel per meissa manera del moble e de las heretagh d'aquela persona que sia jutjada à mort, so es assaber, que tugh sos be (s) sia encorregut alsmeis senhors de Larroqua-Tigbaut.

Empero (de) hom que[7] ausire autre en alcun cas que li dregh

[1] Ferma.

[2] Mostra.

[3] Sel.

[4] La copie porte simplement cette forme ε. Il m'a paru que le sens de la phrase exigeait le mot *eys* de *yssir*, sortir.

[5] Ce mot, inintelligible, est très-lisible dans le texte. Tout indique qu'il tient la place d'un mot écrit en abréviation dont le sens a dû être *dans l'intérieur*. Ne connaissant aucun mot qui puisse le remplacer avec des chances suffisantes de probabilité, j'ai cru devoir le reproduire en y ajoutant cette observation.

[6] Siat.

[7] Ques.

escrieut (70) ne defendo homme de pena, que per aquestas costumas no poguesso estre tenut[1], si per dregh escrieut s'en podia defendre.

E avans que li digh senhor aia lors dighs encorrements e de l'aver d'aquel justitiat mobles e no mobles cominalmens, sian pagadas las molhers de lors dots e de lors avers per que lor ero obligadas (71) las lors causas, e lor autre deute que sia pagat per meissa manera a conoguda (72) del baile e dels cosselhs.

§ 13. — Arrestation préventive. — Flagrant délit. — En aucun cas nul ne peut être arrêté s'il n'a pris la fuite au moment où il vient de commettre un délit (73).

E per autra ocasio ni en neguna manera negus senhor, ni baile, ni cavalers, ni autre hom no pusca prendre ni restar home ni femna del sacrament del digh castel, si no o fazia que s'en fugis quant aura ferit de cotel, o facha malafacha (74).

§ 14. — Responsabilité. — On peut abandonner (75) sa femme et les gens de sa maison poursuivis criminellement sans être tenu de faire droit pour eux, à la condition de faire cet abandon avant d'avoir fourni caution en leur faveur, et à la charge de ne plus les recevoir chez soi. — Dans le cas contraire, on est responsable.

E qui volra pusca desemparar sa molher o sa mainada que no fasco dregh per lor, si no s vol, quan(t) seran ocasionats de crim o d'autra (malafacha)[2], empero avant que aia fermat per lors; e quant desemparat los aura, no ls recipia en son poder, car, si o fasia, fos tengut de far dreghs per lors.

§ 15. — Effets de la confiscation en ce qui concerne le fief roturier. — Le fief tenu d'un seigneur direct autre que les seigneurs dominants de la ville ne peut rester entre les mains de ces derniers au delà d'un an; au bout de ce terme, il doit être livré à un feudataire tenu de remplir tous les devoirs attachés à la possession de ce fief. — Si la seigneurie directe appartient à tous les seigneurs collectivement, ils peuvent garder la terre d'un commun accord. — Si elle appartient à l'un d'eux, celui-ci pourra la garder en désintéressant les autres. — Valeur prise au moment de la confiscation (76).

Et quant alcunas heretagh seran encorsas als senhors del

[1] Deu tenir, qui n'a pas de sens.
[2] Ce mot a été omis, mais il est naturellement indiqué.

meis castel per los crims[1], que lo senhor no pusco retenir aquellas heretagh, si ero tengudas d'autrui, mas quant I an; e dins aquel an e al cap de l'an que o aia vendut, o donnat, o cambiat, o aia liurat feusalament (a alcus que n fassa sos devers[2]) a aquel del del qual la[3] heretagh era tenguda a feus el tems que fo encorreguda ;

Empero si aquela heretagh era tenguda a feus dels predigh(s) senhor(s); que la poguesse retenir (77), si tugh li senhor s'i acordaben ;

E si era tenguda d'alcus dels meis senhors aquela heretagh, que per meissa manera la pogues aquel senhor retenir (78), ab[4] que n rendes als autres aitant quant valdrio las lors partidas, e qu'en fos[5] venduda dins lo predigh an, e n fos rendus feusater[6] aquel senhor del castel del qual aquela heretagh era tenguda à feus el tems del digh encorrement.

§ 16. — De la procédure écrite (79). — Toute demande pour une valeur de **xx** sous et au-dessus, doit être remise par écrit à la Cour aux frais du demandeur, et communiquée sans frais au défendeur. — Au-dessous de **xx** sous, l'écriture est facultative pour le demandeur. — Le bailli doit avoir un livre pour y inscrire les errements du procès.

E (en) tot (li) plagh que sia en lo digh castel de la valensa de **XX** sols, o d'aqui en sus, done li demandaire a son cost la demanda (80) escriuta a la cort, e la cort que la renda quitta a l'autra partida; e no n sia renduda demanda de **XX** sols en jos si lo demandaire no o volia (81), mas que totas las[7] actas (82) sia escriutas[8] al livres (83) de la cort.

§ 17. — Compétence *ratione loci*. — Toutes les contestations nées dans le lieu doivent être plaidées et terminées sur le lieu (84).

E que tugh li plagh del digh castel e de la honnor, de qualqua

[1] Crimps.

[2] J'emprunte ce passage omis au texte des coutumes d'Agen qui renferme la même disposition.

[3] Las.

[4] E.

[5] Fo.

[6] Le mot *a* est omis. Il me semble nécessaire.

[7] Lioras.

[8] Escrientas.

causa (per que) sia aquel plagh, sian tugh plageat[1] e determinat el meis castel.

§ 18. — Des délais. — Tout défendeur doit avoir deux délais, un de conseil et l'autre de réponse. — Chaque délai est de huit jours à partir de la prestation de caution.— On peut, par une demande reconventionnelle, éviter d'engager un nouveau procès, à la condition de réserves faites expressément en fournissant caution (85).

En tot plagh[2] (qual)que sia, aia dia de cosselh (86) e de resposta (87), tot essems un dia per VIII dias, aquel de qui sera hom clamat quant aura fermada (88) la clamor, e si (aquel de qui hom se clama), dits (89) ades, quant el fermara, que el fara[3] dregh al clamant[4], (mas que retenia que el li fassa) dregh (per demanda que el li fassa) pusc[5] que fos[6] son demandaire, ses autra clamor, (o pot retenir) e no (en) autra manera, si no o retenia quant fermara; empero d'aquel que n sera clamans[7] angue[8] los seus clams prumers e l'autre angue[9] aqui[10] meis en[11] manera de reconventio.

§ 19. — De la terre-garde. — Le jour où le défendeur obtient le délai pour réponse, et même après, il peut obtenir huit autres jours pour la terre-garde (90) et pour la reire-garde (91).

E aquel dia que n sera donat per VIII dias, tant cum deura, de resposta a la demanda, e apres, si es plagh d'heretagh, aio dia lo defendeire, si s vol, de terra-garda e de reire-garda (92) totz en una vetz per VIII dias.

1 Plagyat.
2 Pla.
3 Fera.
4 Clamat.
5 Pusco.
6 Fu.
7 Clamas.
8 Auc.
9 Mas.
10 Aque.
11 E.

§ 20. — Des demandes en garantie. — Le défendeur peut avoir un délai de huit jours afin d'appeler garant en cause, et ce délai peut se renouveler jusques à trois fois, moyennant serment que cette demande ne cache aucune fraude. — Le garant doit donner caution, s'il veut intervenir. — Si le défendeur n'a pas de garant, il doit être passé outre. — Le garant qui intervient peut appeler lui-même de nouveaux garants, et ainsi jusques à trois. — Si le garant est domicilié hors de la terre, le demandeur doit faire connaître son nom, et il lui est accordé un délai suffisant pour le faire venir. — Cas où la garantie est inadmissible. — Le garant doit prendre la cause dans l'état où il la trouve.

E lendomagh d'aquela terra-garda que sio los parts devant aquel senhor per dregh far, e que adonc responda[1] lo deffendeire tant cum deura; mas[2] pot aver aquel meis dia per garent (93) per VIII dias, si es tals plaghs ou deyia estre garent recebut; e si no pot son garent aver al cap d'aquels VIII dias, que jure sobre sans Evangelis que no l pot aver aguts, e que no i a fagh fraus ni bauzia ni alcuna[3] perfugio[4] al plaghs (94), mas car es sos dreghs; e puis que n aia autres VIII dias per aver son garent; e si adonc aver no pot, que n aia autres VIII dias, si s vol, per aver son garent ab que fasse lo meis sacrament.

E si adonc (ve) son garent, que aquel garent ferme la garantia al senhor que aura aquel plagh devant el, car garent no y fogh receut si no i fermava la garantia donc traira per garents (95).

E si adonc aguts aquetz tres (dias), cada[5] I per VIII dias, no pot hom aver son garent, que plus no aia dias per garent, mas que n defende per si meis, e fassa[6] dregh de so que l sera demandat (96).

E si alcus hom que sia traghs per garent, quant aura fermada la garentia, vol aver son garent d'aquella causa dont s'es presentat per garent, aia (III) dias, se s vol, per VIII dias (cada I), si s vol, per aver son garent (97).

[1] Respounda.

[2] Ens. Ce mot, qui signifie *au contraire*, en vieux français *ains*, n'a pas d'application possible ici. Il doit y avoir eu mauvaise lecture.

[3] Andich.

[4] Perffugir.

[5] Lade.

[6] Fasa.

E quant aquel garent aura fermada la garantia, aia dias, si s vol, per respondre a la demanda que fo facha ad aquel de cui fo facha la clamor d'aquela causa dont s'es tragh per garent(98);

E plus garent, mas[1] entroi a tres garent, no pusco (i) aver en un plagh (99), empero que l digh (garent), quant volra aver dias per son garent, jure sobre sans Evangelis que no o fagh, ni o digh per mala fe ni per gandir al plagh, mas car cre que aquel que mentaure si deu estre garent.

E si aquel que es nonmat per garent es fora del digh castel de Larroqua-Tigbaut e de la honnor, deu l'hom donnar tant long dia que el o sos messatges pusca estre anat e tornat entro al meis castel d'aqui on sera digh que esta, ab que jure sobre sans Evangelis que aissi es vertat, e no o fa per gandir al plagh, ni per alcun alongament (100).

En autra manera, ni autra raso, ni per autra ocasio no pusca estre lo plagh alongat per garens, ni per raso de garens, si no o faia que la cort conogues[2] que fos[3] fazedor per causa manifestament necessaria(101).

Empero no deu aver garent nulh home que autres li diga que el soscors(102) l aital causa, o tollit[4], o l'en a descabsibzit(103), o l'en a forsat(104), o li a fagh aital forfagh[5] o aital crim, o aital causa o aital malanoxa[6]; mas que disia que el avia aital causa que foro suas e (no) foro toltas o panadas, que adonx aia lo garens (105).

En autras causas ou hom deu aver garent per dregh(106) e per costuma, e garens s'i atragh e manteghs avant resposta e contensios del plagh, el garens prenga lo plaghs en aquel estamen en que era ab aquel que prumer vols garens al dia que prumeramen nomet lo garent(107).

[1] Mais.
[2] Quonagues.
[3] Faus.
[4] Toullé.
[5] La fagh.
[6] Sanoge.

§ 21. — Des délais en matières possessoires, actions en injures, coups et blessures, et crimes. — La durée de ces délais n'est que trois jours (108). — Ils peuvent être prorogés par le juge.

E de tot plaghs de dessasiment fagh dins mech an, o de turbatio d'eretats, o de batamen, o de mal digh, o de plaga, o de causa criminal, o de tota enjuria sio assignat tugh li dia de III autres dias; mas empero que pogues plus alongar per voluntat de la cort, si la cort connoissia que fos fezador.

§ 22. — Des avocats. — La partie qui n'a pas d'avocat peut en obtenir un d'office à condition de le payer. — L'avocat désigné doit accepter la défense sous peine d'interdiction pendant un an de plaider devant le juge qui l'a nommé. — S'il n'y a pas d'avocat dans la juridiction, la partie a VIII jours pour s'en procurer ailleurs (109).

E qui no podia ayer[1] rasonador, que la cort l'en do ab sos diners si n'a al digh castel que sia bos; e si no i avia[2], que aia dia per VIII dias per aver rasonador; e qui sonaria (110) que no fo rasonnaire quant lo baile lo mandera, que l coste X sols de gatges don fos la mitat al senhor e l'autra mitat al cosselh, o que no sio plus rasonnaire en aquela cort entro a un an passat.

§ 23. — Du serment litigieux. — Après la demande et la réponse, chaque partie doit jurer à son tour qu'elle croit avoir bon droit, qu'elle n'emploiera que des preuves loyales, qu'elle n'a rien donné ni promis au juge, et qu'elle n'en attend aucune faveur (111).

E quant sera facha resposta, e contestatios fachas sobre lo principal del plagh, lo demandaire e (lo) deffendaire jure en aquesta manera de calomnia (112).

Que l demandaire jure sobre sans Evangelis que el crey aver leyal demanda en aquest plagh, e vertat[3] y dira, e mesonja ni y metra, e fals testimonis ni falsa proansa no y traira, e que (re) no (a) donnat[4], ni promes, ni o fara a la cort per que leyal[5]

[1] Ab.
[2] Mom a aja.
[3] Canta.
[4] Dounet.
[5] Per quel ain leyal jutjament no s fassa : *inintelligible.*

jutjamens no s fassa ni per que l fass gratia ni amor, mas per dregh, e per costuma, e per raso (113).

Li defendeire (114) jurara que crey aver leyal deffensio en aquel plagh, e vertat y respondra, e fals testimonis, ni falsa carta ni falsa proansa (no y tradra) (115) e que re no a donnat (116), ni promes, ni o fara a la cort per que leyal [1] jutjament no s fasc, ni per que l fasso gratia ni amor, mas per dregh, e per costuma, e per raso.

§ 24. — Des témoins. — Des délais pour les produire. — Ils doivent jurer de dire la vérité et attester qu'ils n'ont rien reçu des parties. — Leur témoignage doit être recueilli par écrit. — Ceux qui refusent leur témoignage peuvent être contraints à le donner, par saisie et autres moyens.

Et qui traira (117) testimonis aia ne III dias, quada un per VIII dias, sobre lo principal del plagh, si tant ne vol (118), e tugh li testimoni juro en presentia de las partz (que), en aquesta causa on es tragh e amenats testimonis, vertat dira e mesonja *no i metra a son essien* [2], e que no es logat ni o sera per portar aquel testimoni, ni per amor ni per desamor que porte a la una partida ni a l'autra no dira mas [3] la pura vertat leialmens (119).

E apres que la cort los auia [4] en secret e fassa escriore lo dits de lor (120).

Empero si li testimonis ero long, que la cort o pogues plus alongar aissi cum connoissera que fos fazedor (121).

E si hom del poder del senhor del castel (pre)digh no volia portar (122) testimoni, que se laises (123) per paor, o per amor, o per als, devant cui que fos aquel plagh en lo meis castel (124), lo baile e ls cosselhs lo destrenho e l penhoro, si ops es, per portar en aquel plagh *portant* [5] *testimoni de voluntat* [6] (125).

§ 25. — Des témoins. — Publicité donnée à leurs dépositions. — Délais pour les combattre (*contraire enquête*).

Quant tugh li testimoni auran parlat, sio publiquat en la pre-

[1] Loyal.
[2] Ni son esfestien.
[3] Mais.
[4] Pour *audia*, entende.
[5] Sic.
[6] Sic.

sentia de las partz e renduts lo dits de lors a las partz en escrieut (126);

E que voldra dire de contra[1] (127) ades[2] o diga[3], e que, si s vol, n'aia dias per VIII dias, e aco fagh que s'enseguio per abant[4] lo plagh aissi cum devra entro[5] al jutjament defenitif[6].

§ 26. — De l'appel (128). — On peut appeler de toute sentence au seigneur du château (129). — Le délai de cet appel est de six jours. — L'appelé doit être cité dans les douze jours suivants. — Jugement à nouveau. — Renvoi au juge du fond en cas d'interlocutoire confirmé. — Amende contre l'appelant débouté de son appel. — Frais et taxe.

E qui (se) tendra per mal jutjat del jutjament del baile, o del cosselh (130), o del senhor del feus que pusca appellar al senhor del digh castel de Larroca-Tigbaud.

Empero que appelle ades o dins VI (131) dias que aquela sententia o interlocutoria sera donnada, e que no pusca apellar d'aquels VI dias en lo;

E puis que aia comensat à segre son appel e aia feit citar[7] son adversari dins XII dias appres aquel appel, el meis senhor o[8] la maior partida determino degudamen lo plagh d'aquel appel; e si be fo jutjat que donne lo plagh devant aquel que donnet aquela interlocutoria (132), o[9] coferme la sententia definitiva; e si mal fo jutjat que ilh anio[10] e determino aquel plagh;

E qui sera vencut[11] d'aquel appel que l aura faghs donne V sols de justisia (a) aquel qui lo jutjament aura donnat o la interlocutoria dont fo appelat (133), e renda las messios a l'autra partida taxadas (134) per la cort et juradas per la part;

E la partida contra qui fo appelatz no donnara (135) gatges,

1 *Encontra* serait une meilleure version.
2 Odes.
3 Audiga.
4 Obant.
5 A l'autre.
6 Defenisio.
7 Sitear.
E.
E.
10 Pour audio. Voir § 24, note 4. La copie porte *abio*.
11 Bengut.

ni devra messios per lo plagh d'aquel appel, mas per lo plagh del principal ne devra donnar, si es vencut del principal.

§ 27. — Des dépens. — La partie vaincue est condamnée aux dépens. — Etat des frais affirmés par serment. — Taxe (136).

E l vencut en tot plagh renda sas messios a l'autra partida juradas[1] per la part, prumeramen taxadas per la cort.

§ 28. — Registres ou répertoires. — Les actes du procès et les jugements doivent être recueillis par écrit. — Foi qui leur est due. — Ecritures tenues par un notaire ou homme loyal et assermenté. — Délivrance et mode des expéditions. — Tenue des répertoires. — Taxe des écritures. — Dépôt des répertoires aux mains des consuls.

E totas las cartas d(el)s jutjamens (137) que seran (faghs) en lo digh castel devant lo baile e devant los cosselhs sia tot escriut per la ma de notari (138) public, si n'i a, o per la ma de un home leial e jurat; e aquelas cartas que sia crezudas[2] cum si ero cartas publicas de notaria; e en las rendre[3] a las partidas que sio sagelladas (139), o que aquel que las escrios, si es notari, i pauze son seinhal (140).

E totas oras que retengua ne[4] son paper lo bailes e ls cosselhs (de) totas las actas, lo qual paper tengo on sio escriut tugh li plagh e no autras causas; e que hom y translate tot los libels; e quant sera ples e ly plagh qui y seran escriotz passat que sio rendut al(s) cosselhs per gardar, aissi cum las notas (141) de las cartas.

1° E que l'escrivas aia per l'escriure III sols de quada dia de quada una de las parts per las actas (142).

2° E II diners per l'escriure quada un testimoni (143).

3° E IV diners per translata(r) lo libel el paper de la cort (144).

E II sols per escriure la sententia deffinitiva, si es la demanda de la valer de XX sols o de plus, e si es XX[5] sols en jos, que n'aia XII dines per escriure la sententia (145).

[1] Jutjadas.

[2] Crudas.

[3] Rendra.

[4] En : ce mot, quoique ayant le même sens que *ne*, ne pourrait être conservé qu'autant qu'il précéderait le mot *retengua*.

[5] Deux.

E que tot aquest escriut reda per aquest meis pret a cada una de las parts, si volo, las actas.

§ 29. — Amende du plaideur débouté, v sous. — Pour chaque défaut non justifié, *id.* — Admission des procureurs et chargés d'excuses.

E tot senhor a cui sia fagh lo clam aia v sols de justizia (146) per aquel plagh del vencut (147), e v sols per quada dia que defalhira[1] a dia assignat, si descusar no s podia d'aquela failia (148); e procuraire e escusaire sia recebut en lo plagh, aissi cum dregh (149) o vol.

§ 30. — Faux témoignage. — Le faux témoin doit avoir la langue percée et courir la ville dans cet état. — Proclamation publique de la peine. — Amende contre le faux témoin. — Incapacités civiles résultant de sa condamnation.

E qui portara falgh testimoni en plagh corre (150) al castel ab une broqua (151) de fer en la lengua e que la crida[2] diga devant lui : qui aital fara aital penedera[3] (152) ;

E que l (paga) LXX sols (de) justitia que l sio al senhor (153) ; e que may no sia crezut[4] per testimoni (154), ni de sacrament que fassa ; e que sia infami per tot temps quant jutjat sia o[5] probat que aia portat testimonis (fals) (155).

§ 31. — De la preuve judiciaire. — Le témoignage du seigneur ne peut servir pour lui contre un habitant.— Exception au cas où le débat porte sur l'existence ou l'étendue du bail à rente féodale. — Preuve par les actes du procès, les chartes de notaire et les lettres revêtues du sceau (156).

E negus senhor ni dona del meis castel no posca res proar contra home qui esto dins lo dich castel, si no o fazia de negament (157) o abracament (158) de son feus o de sas oblias (159).

[1] Si. J'ai supprimé ce mot comme inutile et nuisant à la clarté de la phrase.

[2] Tarida.

[3] Penra. Je n'ai pas cru devoir conserver cette forme *penra,* pour *penedera,* sera puni, parce qu'on aurait pu le prendre pour le futur du verbe *prendre* ou *prener.*

[4] Crut.

[5] Dans le texte ce mot est placé mal à propos avant *sia.*

E[1] (que) ab aquels de sa cort vestida (160) pusca proar causa que fos estada facha o dicha (161) en sa cort, o ab actas cominals (162) de sa cort, o ab cartas de notari, o ab letras sagelladas de sagel authentic.

§ 32. — Suite. — Le seigneur censier ne peut faire foi contre son censitaire pour le procès suivi devant lui. — Les modes de preuve sont pour lui les mêmes que pour le seigneur principal.

E (que) per meissa manera (negus) senhor de feus no posca res proar contra son feuzater del plagh que aura ab lui de son feus, mas en aquela manera que dessus es digh que podo proar li[2] predigh senhor de Larroqua-Tigbaut.

§ 33. — De la garantie. — Le vendeur, l'échangiste et le bailleur à rente féodale sont tenus à la garantie.— Tous leurs biens y sont obligés. — Cette garantie est de droit (163).

E tota persona[3] que venda terras o heretat (164), o las cambi, o las donne a feus, que n porte garentia, elh o sos hereters, a aquela persona, o (a) son ordenh (165) que de lui o recebre, de totz homes e de totas femnas que re li demandesso en alcu temps; e que tugh sos[4] be(s) per totz locs l'en sia obligatz per portar aquela garentia bonna e ferma d'aquela heretat (166);

E que li senhor e l baile e ls cosselhs l'en destrenho[5] aissi ferm e melh (167) (que) per dente, o per covent, o per als.

§ 34. — Garantie due au tenancier par le seigneur censier. — Le tenancier peut aliéner librement son fief roturier ou terre donnée à bail à rente féodale.— Prohibition de vendre à tout seigneur, église ou maison religieuse.— Confiscation de la terre aliénée contrairement à cette règle.

E qui tendra feus (168) segon las costumas del digh castel, (que) aquel senhor don lo te li[6] porte la meissa garentia *de par senhoria* (169) de totas personas;

1 O.
2 Lo.
3 Per. Cette particule intercalée entre *persona* et *que* paraît inutile.
4 Serve.
5 Destreisso.
6 Lo.

E que aquel feuzaters pusca vendre (170) aquel feus, o donnar, o laissar (171), o cambiar à qui que el volria (172), saub que no pusca aissi far a senhor, ni a donna del meis castel, ni al senhor major de la terra (173), ni a maio d'ordre, ni a cavaler, ni a donzel, ni a home de paratge; e si o fazia, no aques valor e fos encorreguts aquel feus al senhor de qui lo tendra si lo avia[1] alienat senes[2] meja (174).

§ 35. — Du retrait (175). — En cas de vente, les parents et le seigneur peuvent l'exercer. — Le retrait lignager appartient aux parents jusques au quatrième degré, pourvu qu'ils soient habitants du lieu. — Délai de quinze jours pour le parent présent, et d'un an en cas d'absence. — Le retrayant doit remplir toutes les obligations de l'acheteur et payer tous les frais. — Le retrait seigneurial s'exerce à défaut du lignager. — Délai de huit jours pour ce dernier.

En venta pura (176) de feus aio torn li parent e li senhor del feus en aquesta manera, que l paren (d'aquel) qu eaquesta venda fara, si l tangh en lo quart gra[3] de parentat o d'aqui en jos, e[4] es del sacrament del digh castel aquel parent, la pusca retener[5] devant autrui que no sia, aissi cum digh es, sos parents, (mas que lo retenga) dins[6] xv dias que sabra que sia vendut s(si) es en Agenes e en[7] sabra que sera fagh la venda; e si es foras d'Agenes e es del sagramen del digh castel que o pusca retener dins un an appres aquela venda (177);

E que fassa aitant bonas pagas cum li autre que o avia comprat, et que renda a aquel qui o avia comprat las messios que n avia fachas a conoguda del cosselh;

E si aquel parent retenir no o volia, que l senhor (178) de qui te lo feus ses meja aquel que l'auria vendut lo pusca retener devant autrui, si s vol, e que n'aia, si s vol, VIII dias de cosselh.

[1] Aura.
[2] Cenes.
[3] Gras.
[4] O.
[5] Retenir.
[6] Des.
[7] Peut-être *ne*; il y a dans le texte une surcharge qui ne permet pas de bien lire.

§ 36. — Des retraits (*suite*). — Le parent ou le seigneur qui exerce son retrait doit affirmer par serment que c'est pour ses besoins personnels, et qu'il gardera l'immeuble au moins un an. — A défaut de retrait, le seigneur doit octroyer l'immeuble vendu à l'acquéreur. — Droits proportionnels à percevoir sur le montant du prix, et autres droits. — Serment imposé aux parties sur la sincérité du prix.

Empero si cum dessus es digh lo parents o lo senhor del feus o volio retener, jure sobre (ls) sans, si (179) o vol aquel que aura comprat, que aquela causa vol a sos obs e que per un an al menhs o tendra a sa taula (180); e si ayssi no o jurava que ges no pogues retener devant autres, mas que l senhors del feus l'autreges (181) al comprador franquamens (182) per las costumas del digh castelh ses plagh (183) ne ses defacha, (184) sa senhoria salva.

E que aquel senhor del feus, del qual lo[1] tenia senes meja aquel que l vendet, n'agues del comprador los capsolls (185) d'aitant que n sera lo prets[2] de la venda, e n'aia sos acaptes (186) e sas oblias (187) aytal cum ne solvia[3] e n devia far aquel que o avia vendut, e pusca aver sagrament, si s vol, del vendedor e del comprador quant[4] de prets s'es vendut aquel feus; e que s'en porte bona garentia de part senhoria de totas personas que no li fassa tort ni forsa (188).

§ 37. — Des droits de vente. — La vente déclarée donne lieu aux droits, encore qu'elle ait été postérieurement résolue, s'il n'y a pas de la faute du seigneur.

E s'il vendeire e l compraire veno devant lo senhor del feus, e diso (189) que l feus que l vendeire te de lui a vendut a aquel, e puch per aventura appres se deffesia senes colpa d'aquel senhor aquella venda, aquel senhor n'aia sos capsols d'aquel que aquel feus tendra aitant be cum si era vendutz (190).

§ 38. — Des droits de vente (*suite*). — Deux immeubles conjoints relevant de seigneurs différents, quoique vendus en bloc, donnent lieu à des droits au profit de chaque seigneur. — Ventilation faite par les consuls.

E si hom compra feus ab autre feus *conjons que se toquo que*

[1] La.
[2] Prix.
[3] Solria.
[4] Eau.

movo de dos senhors o de plusors (191), que lhi senhor de cui on los tendra senes meja n'ajo lors capsols cadaus, second que l valra la valor e soma des diners segon la estimacios del cosselhs.

§ 39. — Des surcens (192). — Tous les surcens établis avant la charte son maintenus sans contestation tels qu'ils sont, à moins qu'ils n'aient été faits malgré la clause expresse de renonciation au droit d'en établir.

E que tugh li feus que era estat sobre-afeuzat, sa en reire entro al dia que aquesta carta fo facha, en lo dich castel e en la honnor aia valor per tos temps, e tugh li sobre afeuzaments que son estat faghs sa en reire entro al meis dia (teno) en lor[1] valor (e) en bona fermetat aissi cum fagh es de feus e de sobrefeus ses tots contrats e ses tot revocamens; si empero no era empres renuntiament[2] que hom no i agues pogut far sobrefeus.

§ 40. — Des surcens (*suite*). — Dans tout surcens à établir on devra réserver le chef-cens pour assurer l'exécution des droits dus au seigneur. — Cette réserve est appréciée par les consuls. — A défaut de réserve ou en cas d'aliénation du chef-cens, la rente entière revient au seigneur qui la perçoit directement et sans distinction.

E tot home o femna que sobre-afeuzara mais d'assi en avant lo feus que avia e per avant aura que tengua[3] d'autrui en feus en lo predich castel e en la honnor, que s'en retengua (193) les cap-feus[4] rasonablament a conoguda dels cosselhs ab que lo senhor d'aquel feus se pusca totas horas tornar (194) e pusca penhorar (195) per sos devers en aquel feus se (en) los feus que sera sobre-afeuzat no l'en volia far o no l'en fasia sos devers.

E si aital cap-feus cum digh es no s'en retenia, o se s dessisia en alcu temps d'aquel cap-feus, e que (l senhor) volgues retornar las oblias d'aquel sobre-feus ses cap-feus que i agues, que totas las oblias e li acapte, d'aitant cum sobre-afeuzat ne auria, fossa sotamens[5] e quitamens encorsas al senhor d'aquel feus de qui el o tenia ses meja (196).

[1] La.

[2] Remudament. Ce mot n'a pas de sens, et je n'en ai pas trouvé de meilleur à lui substituer que *renuntiament*. Cette clause de renonciation paraît avoir été assez fréquente.

[3] Tenguda.

[4] Campfeus.

[5] Sitament.

NOTES.

(1) Ces deux noms portent souvent des orthographes différentes : tantôt comme dans le texte, et tantôt *Larrocca-Tigbaud.* J'ai adopté celle qu'on lit dans le texte, comme répondant mieux à l'orthographe actuelle.

(2) On trouve presque toujours dans les textes contemporains *cavoer* ou *cabaler*. *Cavaler* se trouve cependant dans quelques-uns.

(3) On trouve un Galhard de Larroque, abbé de Clairac en 1281. *Gall. christ.*, *t.* II. C'est probablement le même qui a dû entrer plus tard dans l'Église.

(4) Ce mot précède habituellement les noms de femmes.

(5) Il doit y avoir eu ici une mauvaise lecture. Si l'acte avait voulu dire *le quart de la seigneurie et de ses dépendances*, (ce serait le sens naturel en rapprochant ces mots des derniers mots de l'alinéa précédent,) on se demande pourquoi il n'aurait pas été aussi question de *dépendances* à l'occasion de chaque co-seigneur. Il faut plutôt voir ici le commencement d'un préambule, comme ceux qu'on trouve dans les actes de cette nature. Le mot *appartenements* paraît y tenir la place du mot latin *attendentes*.

(6) L'*honor* était la partie du territoire située hors de la ville, et qui profitait des coutumes octroyées.

(7) Sainte-Marie du Puch ou del Puch, paroisse actuelle de la ville de Larroque, située hors de la ville. Dans le manuscrit de Jean de Valier (1529), cette paroisse n'est pas indiquée sous son vocable, mais seulement comme paroisse *rupis Theobaldi. Mém. de la Soc. d'agric. d'Agen*, t. VII, p. 99.

(8) Cette paroisse n'existait probablement plus au temps de Jean de Valier, qui ne mentionne qu'une paroisse de Sainte-Gemme. *Id.*

(9) Saint-Pierre d'Aurival, aujourd'hui annexe. Cette paroisse était déjà jointe à celle de Larroque-Timbaut à l'époque de Jean de Valier. *Id.*

(10) Annexe. Ne se retrouve pas dans la nomenclature de Jean de Valier.

(11) Exprimer, articuler, produire : *en* SONNANT *en termes généraux qu'il a possédé à titre. Cout. d'Anjou*, art. 426. Voir Ducange, v° SONARE.

(12) Ce mot *accoutumer* est pris ici dans un sens actif ; il équivaut à cette formule qu'on trouve dans plusieurs chartes de coutumes : *an mes e pavrat en costuma : posuerunt in consuetudinem.*

(13) Le mot *établissement* signifie ordonnance, arrêté. On trouve dans les chartes latines : *statuerunt, statutum est, ordinaverunt.* La différence entre *coutume* et *établissement* consiste en ce que *la coutume* dérive de l'usage et rien que de l'usage, tandis que l'établissement est nouveau et tire sa force obligatoire de la seule volonté de celui qui l'octroie. Cette nuance, sensible à l'origine, dut s'effacer avec le temps. L'emploi simultané de ces deux mots paraît n'être ici qu'une redondance.

(14) Par exemple, par suite de vente ou de donation.

(15) Il résulte de ce passage que la majorité roturière, en ce qui concernait l'accomplissement des devoirs féodaux, était fixée à quatorze ans.

(16) Les villes de l'Agenais paraissent avoir presque toutes attaché une importance sérieuse à l'ordre des serments. Il est certain qu'en prêtant

serment les premiers, les seigneurs reconnaissaient implicitement que les libertés et priviléges des villes étaient au-dessus de leurs propres prérogatives, et notamment qu'une violation commise de leur part de ces mêmes libertés brisait le lien de fidélité. Ces idées sont encore celles qui dominent dans les chartes constitutionnelles de notre temps. Le serment prêté à Larroque est calqué en grande partie sur celui qui se prêtait à Agen. Voir *Cout. d'Agen*, chap. I. — Il devait exister, à l'origine, des différences entre ces divers mots : *costumas, franquesas, drechuras;* mais outre qu'elles sont très-difficiles à distinguer, elles devaient être peu sensibles au treizième siècle, où on emploie fréquemment ces mots l'un pour l'autre.

(17) Chaque seigneur avait donc une partie qui lui était propre. C'est ainsi, en effet, que se divisaient toutes les seigneuries ayant haute et même moyenne justice. Tout ce qui tenait à la justice soit directement, soit à titre d'accessoire, restait indivis. Les droits qui en résultaient étaient exercés par un agent commun, et les produits en étaient répartis entre les co-seigneurs. Les cens et autres redevances dérivant directement du sol, étaient perçus sur la base d'une division matérielle de territoire : d'où la règle *Quisque pro regione suâ*. Voir *Cout. de Prayssac*, art. 1, note 10; *Etabl. de saint Louis*, liv. I, chap. CVI; Beaumanoir, *Cout. de Beauv.*, chap. XXII, art. 4; t. I, p. 325, édit. Beugnot. Voir ci-dessous, § 3, note (34).

(18) Ce serment est aussi presque littéralement calqué sur celui d'Agen, *idem*.

(19) On entendait par ce mot les limites des lieux privilégiés. D'après Ducange, l'étymologie de ce mot aurait beaucoup embarrassé les antiquaires. Les *dexs* différaient de l'*honor*, en ce que les *dexs* étaient les limites et l'*honor* le territoire compris entre ces limites. Voir Ducange, v^is^ DECI, DEXTRI. — Du reste, il est peu de chartes de coutumes où le territoire de la juridiction ne soit ainsi délimité.

(20) *Causada, causata, calsata, calceata, causea, calcea, calceta, calceïa, calceatum*, formes diverses et variées du mot *chaussée*, qui toutes paraissent dériver du mot *calx*, chaux, et supposent par suite des chemins empierrés avec emploi de la chaux. La ville de Larroque avait donc une de ces chaussées allant du château au fossé (*valat*) *de la planta* (vigne nouvellement plantée), et d'où on devait tirer une ligne pour aller à la fontaine d'*Albufiera*. Ce dernier mot était aussi un mot roman signifiant *réservoir d'eau, bassin, vivier*. Voir Ducange, v^is^ CALCEA, CAUSEA, ALBUFFERIA.

(21) Quoiqu'il soit toujours hasardeux de chercher un sens aux noms propres, il peut être utile de se livrer à cette recherche pour fixer l'état du langage du pays. La *torsa* était une digue en terre; la *malatorsa* probablement une de ces digues en mauvais état. C'est de ce mot que vient *torchis* ou muraille en terre. Voir du Cange, v^is^ TORSA, TORCIA.

(22) La *Nayssa* ou *Nassa* était aussi un réservoir d'eau. On dit encore *mettre quelqu'un dans la nasse*, pour dire le jeter dans l'embarras. Voir Ducange, v^o^ NASSA.

(23) Ce mot est susceptible de bien des sens. Il désigne principalement une éminence, et, par extension, la résidence établie sur cette éminence. La mote

était roturière ou plutôt servile et mainmortable, quand l'habitation était celle d'un serf, et féodale, quand elle était la résidence d'un seigneur. On entendait par là aussi, et par une plus grande extension encore, le lieu où se rendait la justice. Voir Ducange, v° MOTA.

(24) Ce doit être un nom de personne.

(25) Ce lieu existe encore aux environs de Larroque. — *Monfourton.*

(26) *Calveta : montana satis fructibusque nuda*. Voir Ducange, v° CALVETA.

(27) Ce mot offre divers sens. On appelait ainsi notamment les obstacles placés à l'entrée des villes, et peut-être aussi des seigneuries rurales pour la perception des péages.

(28) Les bailes ou baillis ne commencèrent à paraître en Agenais qu'au commencement du treizième siècle. L'acte le plus ancien où il en soit fait mention est une transaction de 1208, passée à Agen en présence du bailli du roi et du bailli de l'évêque. Une charte de 1221 impose au bailli du seigneur le devoir de juger selon les coutumes de la ville. Les coutumes d'Agen réservent au sénéchal le droit d'y placer un bailli, chap. I. — Dans les seigneuries possédées par indivis, comme Larroque-Timbaut, la présence d'un bailli représentant les seigneurs pour l'exercice des droits jouis en commun était indispensable. On distinguait deux espèces de baillis, *ballivi majores* ou hauts baillis, dont la situation était celle des *sénéchaux* du midi de la France ; les *ballivi minores* ou simples juges, dont la juridiction n'embrassait qu'une simple seigneurie, correspondant à ce qu'on appelait ailleurs *prévôts*, *vicomtes* ou tout simplement *juges*. Les terres appartenant au seigneur d'Agenais, en cette qualité, étaient divisées en *baillies*, *balliviæ*.

(29) C'est un exemple rare de nomination du bailli faite avec le concours des consuls. Les seigneurs étaient en général très-jaloux de cette prérogative.

(30) La durée de ces fonctions ainsi limitée est assez rare. A Agen, le bailli devait renouveler son serment chaque année. *Rég. de jurade* (inédit).

(31) *Féal*, *fidelis*.

(32) Tous les habitants d'une même ville étaient solidaires au dehors et devaient prendre fait et cause pour ceux qui avaient éprouvé quelque préjudice. On trouve dans les coutumes de Cahors divers articles relatifs à cette solidarité.

(33) Le bailli n'était pas seulement un juge ; il était aussi chargé du recouvrement des confiscations, *las justitias*, des amendes et autres produits de justice, *gatges*, et des autres revenus seigneuriaux, *las drechuras*. C'est par ce motif qu'il était inséré dans son serment qu'il en rendrait *compte bon et loyal*. Il avait également la police de la seigneurie qu'il devait tenir en paix, *paziblament*.

(34) Voir *suprà*, note (17).

(35) Le nombre des consuls était calculé d'après la population. La ville d'Agen en avait douze. Vers l'année 1221, quelques villes de l'Agenais, entre autres la ville d'Agen, essayèrent de substituer à cette administration collective un magistrat unique appelé *mayer* ou *maire*. Mais cette tentative ne réussit pas. On ignore les circonstances qui l'avaient provoquée et

celles qui la firent échouer, et il n'en est resté d'autres traces que la mention de ce *mayer* dans quelques chartes.

(36) Ce mode d'élection était pratiqué dans toutes les villes de l'Agenais, et, en général, dans presque tout le Midi. On voit dans Beaumanoir, *Cout. de Beauv.*, chap. L, art. 7, t. II, p. 267, que dans les villes du Nord il se pratiquait également. Les maires et échevins sortants y nommaient aussi leurs successeurs. A Agen, à la suite d'une émeute, il fut décidé que chaque quartier aurait, suivant son importance, un ou plusieurs représentants dans le corps consulaire. Trans. de 1247, inédite, *Cout. d'Agen*, chap. LIII.

(37) La forme ordinaire de ce mot est *cossols*.

(38) Ainsi, l'administration était renouvelée en entier, savoir : le bailli le jour de Pentecôte et les consuls le lendemain.

(39) Dans les villes consulaires, on attachait un grand prix au secret des opérations relatives à l'élection des consuls sortants. Les coutumes d'Agen ne parlent pas de ce secret, mais il résulte de divers documents, qu'il y était rigoureusement pratiqué. Le 5 avril 1351 (a. st.), 1352 (n. st.), les consuls de cette ville étaient rassemblés à la maison commune, les portes fermées, lorsque le juge-mage, le procureur du roi et une autre personne brisèrent les portes et entrèrent dans la chambre où se faisait l'élection, prétendant avoir le droit d'y assister comme représentant le roi, seigneur direct de la ville. Les consuls suspendirent les opérations, protestèrent et décidèrent qu'on en écrirait au roi ; en attendant, il fut défendu à toute personne, déléguée du roi ou autre, de troubler le secret des élections. *Rég. de jur.*, f° 115 r°, inédit.

(40) Outre la loyauté et la bonne renommée, les coutumes d'Agen exigeaient que ces consuls fussent majeurs, catholiques, nés de légitime mariage, exempts de toute hérésie et non juifs, non parents d'hérétiques, non usuriers et non condamnés pour hérésie ou tout autre crime commun. *Cout. d'Agen*, chap. LII. — Il est assez singulier qu'il n'y ait été rien dit sur la qualité de résident, *estancia*.

(41) Il existait, dans la seigneurie, d'autres personnes nobles que les co-seigneurs ; c'était notamment les seigneurs de *feus*, ou seigneurs bas justiciers, dont il sera fréquemment question dans la charte. Quelques-uns de ces seigneurs, quoique de noblesse inférieure, pouvaient, à ce qu'il paraît, atteindre au grade de *chevalier* ; d'autres restaient au simple titre de *donzel, domicellus*, titre inférieur dans l'ordre de la chevalerie. La charte les appelle avec les seigneurs et tous les habitants à assister au serment des consuls.

(42) Le serment des consuls avait un triple objet : 1° comme sujets directs des seigneurs et représentants des habitants, de maintenir les droits de ces seigneurs ; 2° comme participant à l'administration de la justice, de juger avec impartialité ; 3° comme administrateurs des biens de la communauté, de bien faire ses affaires.

(43) Toutes ces amendes, *gatges*, étaient réglées en *arnaudins* ou darnaudins, monnaie locale de l'Agenais. La monnaie arnaudine ou arnaldine était inférieure d'un cinquième à la monnaie tournoise : quatre petits tournois pour un arnaudin. Ordonn. de Philippe le Bel, *inédite*.

(44) Beaumanoir nous apprend que, dans les villes du Beauvoisis, il s'élevait de nombreuses difficultés au sujet des comptes. Les pouvoirs municipaux conférés par les sortants allaient presque toujours à leurs parents et à leurs amis, et se concentraient ainsi en un petit nombre de mains. Dans cette situation, on était très-peu rigoureux pour les comptes les uns des autres. Il propose en conséquence aux seigneurs d'intervenir dans l'intérêt de la masse, ou à la masse elle-même de se choisir des hommes spéciaux pour recevoir les comptes. — Beaum., chap. L, art. 6 et 7. — Dans les villes du Midi, cette immixtion eût été probablement très-mal reçue. Il ne paraît pas, au reste, qu'il y eût beaucoup de difficultés à ce sujet, car la charte de Larroque est à peu près la seule en Agenais où cette matière soit l'objet d'une disposition spéciale. Les coutumes d'Agen ne contiennent rien à cet égard. A Larroque, au contraire, non-seulement les consuls, mais les baillis eux-mêmes y sont déclarés comptables, probablement pour les portions d'amendes réservées à la ville.

(45) Le droit de lever des deniers attribué aux consuls était général dans toutes les villes de l'Agenais. Les coutumes d'Agen contiennent à ce sujet des dispositions spéciales, — chap. LII. — Il en était de même dans les villes du Nord. — Beaum., chap. L, art. 10, t. II, p. 268. Voir ci-dessous, § 54.

« Quod dicti consules de gagiis, penis, questis, talliis, expendant prout « necesse et rationis fuerit, in et pro utilitate communi, et de omnibus bo- « num compotum reddant. » *Cout. de Lamontjoie*, anno 1299. *Rev. hist. du droit français et étranger*, septembre-octobre 1860.

(46) Droit de coërcition ou de contrainte, faculté de saisir les délinquants, de recouvrer les amendes, de saisir les meubles et les immeubles, etc. Voir Ducange, v° COHERCITIO. — Il cite plusieurs textes où ce mot est employé dans ce sens.

(47) *La clamor, clam, claim* ou *clameur*, était le premier acte de la procédure. La partie lésée se présentait devant le juge, soit seule, soit accompagnée d'une personne chargée de parler en son nom, et exposait sa réclamation. Elle terminait par une requête, verbale comme la clameur, tendant à obtenir du juge qu'il fît ajourner la partie adverse, et fixât un jour où elles pussent être entendues l'une et l'autre contradictoirement. Ce n'était d'ailleurs qu'un simple préliminaire qui ne fixait point le débat. Ce mot s'est conservé dans la langue judiciaire. On dit qu'un homme est poursuivi par la *clameur publique*, art. 475, § 12 du Code pénal, et 41 du Code d'instr. crim.

Cet acte devait être précédé d'une interpellation tendant à procéder devant les consuls, § 79, ci-dessous.

(48) Voir ci-dessous, §§ 17, 53 et 70. — Les habitants des villes privilégiées attachaient toutes un grand prix à ce privilége qui consistait à n'être jugés que chez eux, et, comme on dit aujourd'hui, à n'être point distraits de leurs juges naturels. Il en résultait pour eux économie, facilité et sécurité. Ce principe est consacré par toutes les chartes de coutumes de l'Agenais. *Agen*, chap. X, p. 24; *Lamontjoye*, art. 10; *Prayssas*, art. 25; *Rev. du droit franç. et étr.*, mars-avril 1860; *Sérignac*, art. 39, *inédit*. —

Dans la coutume de Castelamouroux et autres identiques, le roi défend à son sénéchal de faire ajourner les habitants hors de leur ville, art. 5, *inédit.* — L'importance spéciale de cette disposition consistait surtout en ce que, par l'effet de vente ou de succession, la seigneurie pouvait passer sous une main étrangère. Il pouvait arriver alors qu'un seigneur nouveau la possédât en même temps qu'une autre seigneurie préférée, et ne la dépouillât de la justice au profit de cette dernière. La juridiction, dans ce cas, courait le risque d'être déplacée, et c'est ce qu'on voulait éviter. Ce principe de localisation fut opposé plus tard, mais infructueusement, aux évocations faites par les parlements.

(49) La négligence, *colpa*, constituait la *défaute de droit*, qui faisait perdre au seigneur son droit de juridiction. Voir Beaumanoir, chap. LXII.— L'*essoine* ou *exoine*, terme encore en usage au palais, notamment pour les jurés qui se font excuser, était l'excuse légale qui ne pouvait résulter ici que d'un motif d'abstention. Voir Ducange, v° SUNNIS, et ci-dessous note (110).

(50) Rejeter quelqu'un hors du claim ou de la clameur, correspond à ce que nous appelons aujourd'hui *déclarer non recevable*, *écarter* par *fin de non-recevoir.*

(51) Littéralement les *mises*, autrement dit les *dépens.*

(52) Les questions de mariage étaient de la compétence des cours ecclésiastiques. *Li secons cas de quoi le juriditions apartient à sainte Église, c'est de mariage.* Beaumanoir, chap. II, art. 3; t. I, p. 158.

(53) Le mot *for* est pris ici dans le sens que nous lui donnons encore aujourd'hui dans les locutions suivantes : *for intérieur* et *for extérieur.* Il équivaut à *compétence.*

(54) Il pourrait bien y avoir ici une erreur. On entend, en général, par *droit écrit* le droit romain. Or, c'était le droit canonique qui réglait la compétence des cours ecclésiastiques ou cours *de sainte église.*

(55) *Cout. de la Réole*, § 22, p. 13, cf. et autres. — Il s'agit ici d'une juridiction particulière dont l'usage paraît avoir été assez général, quoiqu'il en soit rarement question dans les documents juridiques de cette époque. Le *feus* ou fief, dont il s'agit ici, n'est autre chose que la terre donnée à la condition de redevance ou cens, autrement dit le fief censier ou roturier. Le bail à cens ou à rente féodale, avait, entre autres conséquences, ce résultat singulier qu'il rendait le censitaire justiciable du seigneur censier pour tout ce qui tenait aux actions réelles relatives à la terre acensée, tandis que, pour tout le reste, il était justiciable du haut justicier représenté par le bailli. Il est question de cette juridiction particulière dans les *Coutumes d'Agen*, chap. XLI, et plus bas, § 45. — Il en existait encore des traces au moment de la Révolution. Elle était connue sous le nom de *justice censière* ou *foncière.* Voir Ferrière, *Dict. de pratique*, v° JUSTICE FONCIÈRE. — Les privilèges accordés aux villes laissaient, en général, subsister cette justice dont elles n'avaient pas à se plaindre.

(56) La caution judiciaire jouait un grand rôle dans la procédure du moyen âge. Beaumanoir distingue deux espèces de caution, l'une appelée d'*estre à droit*, et qui n'est autre que la caution *judicatum solvi* qui n'est

plus exigée aujourd'hui que des étrangers (Code de proc. civ., art. 1), et l'autre *de venir en cour*, origine de *la liberté provisoire sous caution* accordée au prévenu domicilié, en matière criminelle. Code d'instr. crim., art. 113. — Ces deux cautions différaient l'une de l'autre en ce que la première emportait l'obligation de garantir les résultats du procès, tandis que l'autre ne garantissait que la présence de la partie aux divers actes de la procédure. Beaum., chap. XLIII, art. 55; t. II, p. 181. — A Larroque, comme on voit, la caution judiciaire était exigée des deux parties, et tout porte à croire, quoique le texte soit muet à cet égard, qu'il s'agit ici de la caution *judicatum solvi*. Il est question de cette caution dans les *Coutumes d'Agen*, chap. X.

(57) C'était le juge devant lequel se portait le clam ou clameur, qui demandait et obtenait la caution. *Quant aucun plède en le cort d'aucun seigneur dont il n'est ni homs ni ostes, il doit livrer plèges d'estre à droit.* Beaum., *id.*, art. 32. Voir Ducange, v° FIRMANTIA.

(58) La substitution du serment à la caution, quand il y avait impuissance d'en fournir, quoique indiquée dans la plupart des chartes de coutumes comme constituant un privilége spécial pour chaque ville, était néanmoins d'un usage à peu près général. C'est ce qui résulte de ce passage de Beaumanoir : *Et s'il veut jurer qu'il n'en peut nul avoir, si ne perdra-t-il pas que droit ne lui soit fes. Mes il doit jurer qu'il sera à droit de cele quérelle, et qu'il ne peut avoir nul plèges.* Beaum., *id.*

(59) *Gandir, gannir* paraît venir du mot *gannum*, tromperie. Il signifie ici soustraire par fraude. On le retrouve, quoique assez rarement, et avec le même sens, dans quelques textes de coutumes, notamment celle de Cahors. — Voir Ducange, v° GAUNUM.

(60) *Les jours que coutume donne*, comme disent, en général, les documents de cette époque. Ces jours ou délais sont indiqués dans les articles suivants : il suit de ce passage que, pour être admis à réclamer ces délais, il fallait, ou fournir caution ou prêter le serment.

(61) Ce principe était loin d'être généralement adopté. C'était pousser loin, en effet, le privilége de la liberté sous caution. Beaumanoir n'admet pas la récréance, c'est-à-dire la remise en l'état, et, par conséquent, la remise en liberté après arrestation, dans les cas de crime *ou l'on peut perdre vie ou membre*. Beaum., chap. LIII, art. 4; t. II, p. 302; *id.*, art. 5, *in fine*, p. 303.

(62) *Larcin, latrocinium*. Beaumanoir a consacré à ce genre de délits un chapitre particulier, chap. XXXI.

(63) *Focus, arson*, incendie.

(64) La *monstre* ou *monstrée, monstrata, ostensio*, consistait à donner tous ses biens en garantie et à les montrer au juge, de manière à ne pouvoir rien en distraire. Cette manière de procéder tenait lieu de notre cautionnement en immeubles et en argent. — Code d'instr. crim., art. 118. — On voit, par la comparaison de cet article avec le précédent, que c'était seulement en cas de crime que le défaut de caution entraînait la monstrée. Voir Ducange, v^is^ MONSTRATA et OSTENSIO.

(65) Le ban, *bannum*, était synonyme d'édit, d'ordonnance ou de tout

autre acte de l'autorité publique. La saisie et le séquestre étaient qualifiés *bans*, parce qu'ils étaient des actes de l'autorité. *Bandir* c'était donc *mettre sous le ban*, comme le *bandit* était l'homme *poursuivi par le ban*. Voir Ducange, v° BANNUM.

(66) *Destressa*, de *distringere*, saisir. Garder le corps ou la personne de quelqu'un sans le saisir, c'est évidemment se borner à une simple surveillance.

(67) Le mot *sacrament, serment*, mis ici à la place des mots *del meis castel e de la honor*, employés partout ailleurs, signifiait l'étendue du territoire soumis à une charte jurée, et on entendait par *charte jurée*, non pas, comme on l'a dit, une charte garantie contre la mauvaise volonté réelle ou possible du seigneur par le serment des habitants, mode de serment appelé *ligue, colligatio*, et puni des peines les plus sévères, mais une charte à laquelle les seigneurs et les habitants avaient prêté serment. La charte de Larroque était de ce nombre, ainsi que le prouve le protocole par lequel elle se termine. C'est par ce motif que le territoire soumis à cette charte est qualifié *serment*, non-seulement ici, mais dans plusieurs autres passages.

(68) Cette peine sauvage se retrouve dans un grand nombre de coutumes, notamment à Agen, chap. XVI ; Bordeaux, § 21 ; édit. de Lamothe, p. 24. — Celle de la confiscation se retrouve partout. On sait tout ce qu'il a fallu d'efforts pour la faire disparaître de nos lois.

(69) Cette forme de droit réservée par cet article était probablement le *duel* ou la *bataille judiciaire* qui n'était pas encore tout à fait tombée en désuétude, malgré l'ordonnance de saint Louis, et qu'on retrouvera plus bas. Peut-être aussi était-ce le cas de guerre privée qui subsistait encore dans toute sa plénitude.

(70) Le droit écrit est ici le droit romain, tandis que dans le § 8 ci-dessus, il désigne le droit canonique. On sait, en effet, que le droit romain avait admis en matière d'homicide plusieurs excuses comprises dans ce qu'on appelait l'*homicide nécessaire*, et qui étaient reçues dans l'ancien droit ; quelques-unes ont passé dans le Code pénal. *Cout. de la Réole*, § 25, p. 14, cf.

(71) C'est le principe de l'hypothèque légale des femmes tel qu'il se pratique encore de nos jours. Je n'ai rencontré aucune texte où il soit posé d'une manière aussi nette. Les coutumes d'Agen réservent aussi les droits des femmes et des créanciers, chap. XV. — La coutume de Casteljaloux réserve d'une manière générale toutes les dettes, *solutis primo tamen debitis suis*, art. 16, inédit.

(72) L'appréciation des dettes était donc livrée à l'arbitraire du bailli et des consuls.

(73) En règle générale, on ne pouvait être poursuivi criminellement que sur l'action directe, *clam o rancura* de la partie lésée. On ne connaissait pas alors l'action désintéressée du ministère public. L'individu poursuivi répondait à cette action comme à une action ordinaire. Il fournissait tout simplement caution comme tous les défendeurs, et pouvait même s'en dispense moyennant un serment. Si l'accusation portait sur des cas graves, tels que

le vol, l'incendie et autres, on était plus rigoureux, et les biens de l'accusé étaient mis sous une espèce de séquestre. Sa personne même était soumise à une espèce de surveillance. En cas de meurtre, on allait plus loin, et la caution était obligatoire, et on ne se contentait plus du serment. A défaut de caution enfin, l'emprisonnement était de rigueur. Mais il était des cas où la poursuite s'opérait par une sorte de clameur publique ; c'était le cas de flagrant délit et notamment quand le malfaiteur prenait la fuite au moment où il venait d'accomplir son méfait. Telle est, dans son ensemble, la théorie qui résulte de la charte et que j'ai cru devoir résumer pour en faciliter l'intelligence. Voir *Cout. de Sérignac*, art. 26, inédit.

(74) Le mot *malafacha* était un terme générique équivalent à notre mot *délit :* il désignait toute espèce de méfaits depuis le maraudage jusqu'au meurtre.

(75) Ce paragraphe a été extrait en entier du chapitre XXII de la coutume d'Agen, mais on y a omis ce qui sert à l'expliquer. Il est donc nécessaire d'y suppléer. Dans les pays de droit écrit, comme l'Agenais, on avait maintenu les dispositions du droit romain sur la puissance paternelle. On les avait peut-être même exagérées en ce sens qu'indépendamment du droit d'acquérir par ses enfants, le père était armé d'un droit de correction qui s'étendait jusqu'à sa femme et à ses serviteurs, *sa molher o sa mainada*, ou, comme disent les coutumes d'Agen, *sa molher, o son filh, o home o femna que tengua en sa maio ni à sa soudada* (sa solde), *e son home e son sers*. Ce droit de correction est ainsi formulé dans les coutumes d'Agen : *Si alcus ciutadas o borzes d'Agen batia home a femna de sa mainada, o si sirvent o sirventa que agues destrenhia per causa que agues perduda en sa maio o per autra malafacha dont agues sa mainada sospessona, pot o far per sa propria autoritat, senes que non es tengut a senhor ni a autrui.* Ce qui signifie que le chef de famille pouvait frapper les gens de sa maison pour le moindre soupçon, sans que rien fît obstacle à l'exercice de son autorité. Ce pouvoir absolu, joint à ce qu'il était l'unique propriétaire dans sa maison, faisait qu'on ne pouvait s'adresser qu'à lui pour les conséquences civiles d'un crime ou d'un délit. Il avait donc, en même temps que l'autorité, une responsabilité générale et absolue. En conséquence, les coutumes d'Agen déclaraient non recevable toute action dirigée contre la femme, le fils ou le serviteur sans l'interpellation préalable faite au père, au maître ou au mari. Mais celui-ci pouvait se dégager de cette responsabilité en abandonnant son pouvoir. C'est cet abandon que les coutumes d'Agen et de Larroque expriment par le mot *desemparar*, littéralement *refuser sa protection.* A l'aide de cette explication, ce paragraphe n'a pas besoin d'autre commentaire. L'abandon doit être fait à l'origine de l'accusation et avant la prestation de la caution. Ce pouvoir une fois abandonné ne pouvait plus être repris sans faire revivre la responsabilité.

(76) Le fief roturier, ou bail à rente féodale, avait introduit dans le régime de la propriété de nombreuses complications par suite des droits, ou contraires ou indépendants les uns des autres, du seigneur dominant ou haut justicier, du seigneur direct ou censier et du feudataire ou tenancier. La confiscation au préjudice du tenancier ne pouvait pas nuire au

seigneur censier complétement innocent de son crime. Dès lors le haut justicier au profit de qui s'opérait la confiscation, était tenu de prendre la terre avec toutes ses charges, et de payer lui-même les redevances dues au seigneur censier, ordinairement son vassal. Mais cette situation ne pouvait se prolonger, les convenances féodales ne permettant pas qu'un seigneur pût être le tenancier de son propre vassal. Aussi la coutume faisait-elle un devoir au haut justicier de vendre, donner, échanger ou acenser le fief confisqué dans le délai d'un an. Cette disposition se retrouve dans la *Coutume d'Agen*, chap. XVIII, et dans plusieurs autres.

(77) Si le haut justicier était en même temps le seigneur censier, rien ne s'opposait à ce qu'il incorporât la terre confisquée à son propre domaine. D'après la fiction féodale qui faisait tout partir d'une concession primitive, il ne faisait que rentrer dans son bien. En cas de propriété collective, le consentement commun était indispensable. Ce passage laisse supposer que les co-seigneurs, tout en se partageant ce qui était partageable, avaient réservé quelques terres en commun.

(78) Par application des principes de la matière, le co-seigneur pouvait garder la terre dont il était exclusivement le seigneur censier, à la condition de payer aux autres ce qui devait leur revenir au taux de la valeur de la terre confisquée au moment de la confiscation. Ces confiscations étaient, comme on voit, une branche de revenu, quand elles n'étaient pas un moyen d'accroître l'importance du fief par l'incorporation de terres primitivement détachées. Dans plusieurs pays, le fief confisqué revenait, non au haut justicier, mais au censier. Par suite, toutes ces questions ne pouvaient y naître. Voir Beaum., chap. XXX, art. 2 et suiv.

(79) La procédure écrite n'était pratiquée à l'origine que devant les tribunaux ecclésiastiques, d'où elle a passé devant les tribunaux laïques. Les cours féodales l'ont repoussée pendant longtemps. Elles se virent cependant forcées de l'adopter lorsque, par l'effet de la substitution de l'appel par amendement à l'appel par bataille (*Etabl. de saint Louis*, liv. I, chap. VI), le juge d'appel dut juger la cause d'après les errements du procès. Voir ci-dessous, § 26, note (128). Il fallut bien alors que ces errements lui fussent apportés par écrit. On voit par cet article que, vers la fin du treizième siècle, cette procédure commençait à gagner les juridictions inférieures. On lit dans un tarif, rédigé dans le siècle suivant, et qui doit avoir été commun à toutes les villes de l'Agenais, quoiqu'on ne le trouve qu'à Prayssas : *de libel encorporar baillat per l'actor deu aver l'escrivan* VI *diners*. Pour recevoir le libelle remis par le défendeur, l'écrivain (greffier) a droit à six deniers. Voir Beaumanoir, chap. VI, art. 15.

(80) Cet article concorde avec l'usage suivi en cour ecclésiastique et rapporté par Beaumanoir : *En la cort de chrétienté, on baille à la partie se demande par écrit, puisque le demande est de 40 sous, et en tels lieux y a de 20 sous et plus.* Beaum., chap. VI, art. 15 ; t. I, p. 107. — La demande était l'acte qui saisissait réellement le juge et commençait la procédure régulière ou *le plet ordené*. Les actes antérieurs, tels que *le claim, le jour, la semonce*, etc., appartenaient simplement à la procédure préparatoire. La demande écrite, dans le langage des cours ecclésiastiques, se nommait

libelle. On dit encore au palais *libeller une citation* pour formuler une demande écrite dans une citation. Ces libelles devaient contenir fréquemment des imputations hasardées, quelquefois même diffamatoires contre la partie adverse, et c'est ainsi probablement qu'on a été amené à ne se servir de ce mot que dans un sens odieux.

(81) L'écriture entraînait des frais et rendait la procédure onéreuse. On conçoit donc que son emploi ait été limité à une certaine valeur. On se tromperait cependant si on regardait la valeur de 20 sous comme insignifiante. On a deux manières aujourd'hui de l'évaluer, 1° par la valeur intrinsèque, 2° par la puissance de l'argent ou valeur relative. En valeur intrinsèque, les 20 sous dont il s'agit et qui devaient être *arnaudins,* monnaie courante du pays, donnent, d'après des calculs faits ailleurs (*Cout. de Prayssas, Pet. Cout.*, art. 3, note 1), à raison de 2 fr. 04 c. par sou, la somme de 40 fr. 80 c. En supposant maintenant que la puissance de l'argent ne fût que de 6, et on la porte généralement beaucoup plus haut pour le sou du treizième siècle, on obtient la somme de 244 fr. 80 c., valeur bien suffisante à coup sûr pour justifier les frais d'une demande écrite.

(82) Le mot *lioras,* inscrit au texte, était évidemment le résultat d'une mauvaise lecture. J'ai cru devoir y substituer les mots *las actas* que j'ai trouvés dans un tarif, sans date, puisé dans le manuscrit qui renferme les *Coutumes de Prayssas. — De cada brassa d'*ACTAS *en paper.* Le mot *acte,* qui s'employait alors au féminin, indiquait tout ce qui était recueilli solennellement par écrit. De là ces expressions encore en usage, *donner acte, requérir acte, prendre acte.* A la rigueur, on pourrait aussi supposer le mot *notas,* et même le mot *letras,* qui signifiait les mandements émanés du juge. Mais le mot *actas* m'a paru préférable comme étant alors plus en usage.

(83) Ce livre-registre, ou répertoire de la cour, était destiné à recevoir la mention de ce qui s'était passé devant le juge et correspondait à nos minutes d'aujourd'hui. C'est ce qui résulte implicitement du tarif cité dans la note précédente. D'après ce tarif l'écrivain, *escriva, scribanus,* y couchait par écrit le *claim;* mais, comme il n'en était pas donné expédition, il ne lui en revenait rien. Tous les autres actes constatant la comparution, les aveux, les contradictions des parties étaient également inscrits et donnaient lieu à des droits. Les sentences étaient plus spécialement écrites *el paper, sur le papier,* qui n'était autre chose que le livre dont parle notre article. Tous ces livres se sont égarés et il ne s'en est pas conservé un seul, au moins en Agenais. Voir plus bas, § 28.

(84) Voir ci-dessus, § 8, et ci-dessous, § 53. — Ce principe se retrouve dans toutes les coutumes locales à quelque région qu'elles appartiennent. C'était, à ce qu'il semble, pour les villes un des privilèges les plus précieux; mais c'est en même temps un de ceux que l'autorité royale a le plus souvent et le plus audacieusement violés, au moyen des évocations, des cas royaux, etc. — On voit dans la collection des *Olim,* que le parlement avait trouvé un singulier moyen pour l'éluder. Il supposait que le droit de justice était établi dans l'intérêt exclusif du seigneur. Si le seigneur réclamait son droit, on lui rendait l'affaire. S'il ne réclamait pas, le

parlement restait saisi. Voir notamment anno 1254, t. I, p. 417, et plusieurs autres arrêts. — L'article de la coutume de Larroque est extrait des *Coutumes d'Agen*, chap. XI.

(85) Cet article est celui qui renferme le plus de lacunes et d'omissions. Par suite, c'est celui qui a exigé le plus de restitutions.

(86) Le jour de conseil, *dies consilii*, était le délai pour se consulter. Ce délai était de quinze jours pour les gentilshommes, de huit jours pour les roturiers libres, et d'une durée arbitraire ou suffisante pour les simples serfs ou vilains. Il était, en général, de huit jours dans les coutumes urbaines. Voir *Cout. d'Agen*, chap. VI; Desf. *Cons.*, chap. XIII, art. 1 et 4, p. 72 et 73; Beaum., chap. VII, art. 3; t. I, p. 123; arr. de 1254, *Olim*, t. I, p. 418; *Etabl. de saint Louis*, liv. II, chap. XXXI. Le jour de conseil est supprimé et se trouve implicitement compris aujourd'hui dans le délai fixé pour la comparution.

(87) Le jour de réponse ou de *riposte*, *dies responsionis*, succédait à la demande, et cette réponse était, après elle, l'acte le plus important de la procédure. La demande ouïe, le défendeur était tenu de reconnaître ou de contester. S'il reconnaissait la justice de la demande, on en dressait acte, et tout était fini. En cas de contestation, au contraire, le procès commençait sérieusement. Ce mot de *riposte* s'est conservé dans l'usage. On dit encore *bien riposté, prompt à la riposte*.

(88) Voir sur la caution judiciaire les paragraphes 9, 10 et 11. Il résulte de cet article que la demande en délai devait être précédée du bail à caution.

(89) Il est regrettable que les nombreuses lacunes indiquées par ces longues parenthèses tombent précisément sur une matière dont il n'est question dans aucune autre charte de coutume, matière, en outre, assez peu connue. La reconvention, empruntée au droit romain, ne s'appliquait pas en cour laïque, mais seulement en cour ecclésiastique : *Une coutume queurt en le cort de chrétienté qui ne quort pas en cort laie. Ceste coustume apelent-ils reconvention.* Beaum., chap. XI, art. 47; t. I, p. 178; et Desfont., *Conseils*, chap. XXIX, § 5, p. 344, édit. Marnier. — Il résulte des principes admis à ce sujet par le droit canonique que la reconvention devait être faite au début du procès, et c'est de ce point que je suis parti pour les restitutions à faire au texte. Voir Févret, *Traité de l'abus*, t. I, p. 413, et les passages cités. — Le droit canonique lui-même avait puisé ces principes dans le droit romain. Dig., liv. V, tit. I, l. 22. — Comme l'article sur la procédure écrite, cet article indique l'influence exercée par le droit canonique dans les juridictions inférieures.

(90) J'avais cru jusqu'à présent, sur la foi de quelques analogies, que le délai pour *terre-garde* n'était autre chose que *le jour de vue* mentionné par Beaumanoir, chap. VII, art. 3; t. I, p. 123; par Bouteiller, liv. V tit. I; du Breuil, *Stylus parlamenti*, — Dumoulin, t. II. — Outre que cette exception occupe exactement la place assignée au jour de vue par l'auteur du *Stylus parlamenti*, je me fondais principalement sur les mots *garda*, *gardar*, qui, dans certains cas, signifient *vue*, *voir*, *examiner*. J'ai même consigné cette opinion dans des Notes sur la Coutume d'Agen, chap. X. Mais le rapprochement de cet article avec divers passages

des coutumes de Bordeaux m'a fait craindre d'être tombé dans l'erreur. On lit, en effet, dans l'article 74 de ces coutumes, publiées en 1768 par les frères Lamothe, que dans les demandes en partage entre frères ou entre cousins, il n'y a point jour de conseil, mais jour de garde; puis il est ajouté que, dans ce cas, les biens et leurs fruits doivent être *séquestrés*. *En aquest cas, los bens e los effruts deven estre sequestrats.* Ces mots, il est vrai, paraissent avoir été introduits dans le texte après coup et par quelque commentateur, mais quelle que soit leur date, ils ne permettent guère le doute. Il est évidemment question de quelque chose de plus que la montre du lieu contesté, et ce quelque chose ne peut être que le dépôt en main supérieure ou *séquestre*. D'après les règles du droit romain, cette garde ou séquestre n'avait lieu que dans le cas où aucune des parties n'avait une possession suffisante pour opérer la saisine. Cette procédure est tombée en désuétude; on en trouve cependant encore quelques traces dans les articles 1961 et suiv. du Code Napoléon.

(91) Ducange donne de la reiregarde, *reregarda*, la définition suivante : *Jus custodiæ competens homini ligio aut vassalo nomine domini sui superioris.* Je la reproduis sans trop savoir le parti qu'on peut en tirer. La *garde* d'un immeuble étant un véritable dépôt confié à un gardien, la *reiregarde* pourrait fort bien avoir été une espèce de gardien supérieur destiné à contrôler l'administration du gardien direct. Ce n'est, du reste, qu'une simple hypothèse.

(92) Cet article doit avoir été altéré. Il suffit, pour s'en assurer, de le comparer aux *Coutumes d'Agen*, chap. x. D'après ces coutumes, en matière d'immeubles, le droit de demander la garde appartenait à toute partie, *a cui ops sera* et non pas seulement au défendeur. On a donc de la peine à s'expliquer comment, dans notre article, ce droit appartient exclusivement à ce dernier; par suite peut-être de quelque erreur de copie, la même disposition restrictive se retrouve il est vrai, dans la *Coutume de Sérignac*, art. 32, inédit. — Il résulte encore des coutumes d'Agen que la *garde* et la *reiregarde* étaient deux opérations destinées à se contrôler. D'après ces coutumes, la garde se faisait contradictoirement; celui qui la requérait appelait la partie adverse dans les cinq jours; cette opération faite, l'adversaire devait faire la reiregarde dans les trois jours suivants. Ici, au contraire, il est question de ces deux opérations comme si elles étaient indépendantes et laissées au choix du défendeur. Ces différences dans l'application d'une même forme de procéder sont faites évidemment pour inspirer des doutes. La reiregarde ne s'accordait pas toujours, et pouvait, suivant les circonstances, être refusée par le juge; c'est ce qui résulte d'un arrêt sans date, cité dans les *Coutumes de Bordeaux*, § 173, p. 101; mais dans quel cas s'accordait-elle? C'est ce que je n'ai pu trouver nulle part.

(93) L'action en garantie jouait un grand rôle dans la procédure du moyen âge. Elle était admise non-seulement en matière immobilière, mais même en matière de meubles. La règle qu'en fait de meubles possession vaut titre, était alors inconnue, et n'a été introduite que plus tard dans le droit français. Voir *Etabl. de saint Louis*, liv. I, chap. xci; *Stylus*

parlamenti, par Dubreuil; Beaum., chap. XXXIV, art. 11, 44 et autres; *Cout. d'Agen*, chap. XIII, et une foule de chartes. C'était, d'après le *Stylus parlamenti*, la troisième exception dilatoire de droit.

(94) La formule du serment, d'après les coutumes d'Agen, était ainsi conçue : *Que no o fa per defacha ni per mal genh*. Le triple renvoi, avec serment, était de jurisprudence à peu près générale ; d'après Beaumanoir, ces délais étaient à l'appréciation du juge, mais ils ne pouvaient dépasser un an, chap. XXXIV, art. 44. — Le Code de procédure civile, art. 32, et 175, accorde un seul délai, *mais suffisant*, et laissé à l'arbitraire du juge.

(95) Les coutumes d'Agen exigent également la caution, mais dans un langage moins embarrassé. « Si le garant se présente, y est-il dit, il doit fournir caution ; s'il la refuse, sa garantie ne vaut rien. » *S'il garents ve en la cort cum garents, deu fermar, et si fermar no vol, o no pot, no val sa garantia*. — Beaumanoir exige aussi *de bonnes seurtès d'estre à droit*, *id.*, art. 45, t. II, p. 26. Voir ci-dessus sur la caution judiciaire les paragraphes 9, 10 et 11.

(96) Conf. coutumes d'Agen. Il fallait bien arrêter les délais une fois.

(97) Le sens de cet alinéa est que le garant a lui-même un délai de trois termes, chacun de huit jours, pour appeler un nouveau garant. Les coutumes d'Agen sont muettes sur cette procédure de garant en garant.

(98) D'après les coutumes d'Agen, le garant qui accepte la garantie n'a droit à d'autre délai qu'au délai pour répondre. Tout autre délai et notamment le jour de conseil lui est refusé. *Id.*

(99) Le droit accordé à un garant de recourir lui-même à un autre garant, et ainsi de suite jusques à trois fois, ne se retrouve nulle autre part. Il est néanmoins assez juste; on comprend que, dans ce cas, il fallait suivre les mêmes formes. Pour éviter des délais frustratoires, on exigeait que le demandeur en garantie désignât nominalement la personne de son garant.

(100) La prolongation du délai dans le cas où le garant réside hors de la seigneurie s'explique d'elle-même. Cf. *Agen*, chap. XIII.

(101) Ce passage prouve que le délai du garant n'était pas de plein droit, et devait être l'objet d'un interlocutoire appréciant l'admissibilité du garant. C'est ce qui résulte d'ailleurs de ce passage de Beaumanoir : *S'il dit bonne reson par quoi li juges verrait que le garantie i appartient*, chap. XXXIV, art. 65, t. II, p. 38.

(102) J'ignore si la version est bien exacte; je n'ai pu retrouver le sens de ce mot.

(103) Dessaisi. La dessaissine différait de la force en ce qu'elle n'était pas accompagnée de la violence. *Id.*, voir ci-dessous, § 21.

(104) La force était le trouble accompli par violence, *si on me veut oster me cose a grant plenté de gens ou à armes*. Beaum., chap. XXXII, art. 2; t. I, p. 466.

(105) Ce passage se réduit à dire que si le demandeur se plaint d'un crime, cette accusation étant personnelle, il n'y a pas lieu à une action en garantie. S'il se contente au contraire de réclamer une chose, sans se plaindre de vol, l'exception est admissible. Cf. Beaum., chap. XXXIV, art. 42.

(106) Le droit romain. C'est ainsi qu'il est désigné dans tous les textes de cette époque dans son opposition avec le droit coutumier.

(107) Cf. Beaum., chap. XXXIV, art. 66, t. II, p. 38.

(108) Au lieu de huit. Les coutumes d'Agen conservent les délais ordinaires pour tous ces cas, sauf en matière de vol et de crime (*en questio de raubaria ni de crim no deu hom aver dia*), chap. VI et X.— Les dispositions des coutumes locales variaient beaucoup à cet égard. A Sérignac, quand le demandeur produisait un titre écrit, le défendeur n'avait que trois jours pour la réponse. Il en était de même pour le cas d'infraction à la paix ou *paix brisée*. Dans tous les autres cas, actions possessoires et criminelles, il n'y avait pas de délai, art, 10. inédit. — D'après une ordonnance sans date rapportée par Beaumanoir, il n'y avait pas de délai en matière de dessaisine ou de trouble. *Quant li claims est fet, li quens* (le comte) *doit contraindre la partie à connaître ou à nier*, chap. XXXII, art. 4; t. I, p. 467.

(109) Beaumanoir entre dans beaucoup de détails sur la profession d'avocat, telle qu'elle se pratiquait de son temps. Cette profession imposait alors les mêmes devoirs qu'aujourd'hui. L'avocat pouvait refuser une cause, mais si, la partie n'en trouvait aucun, le procès devait néanmoins suivre son cours, et le juge devait en désigner un d'office, chap. V, art. 19 et 20; t. I, p. 96 et 97. — Les coutumes d'Agen accordent un délai de huit jours, sans autre explication, chap. VI. — Celles de Sérignac s'expriment à peu près de même, art. 5, inédit. — Cahors, art. 80, *id.* — Dans les *Établissements de saint Louis*, on se contente de dire que les paroles de l'avocat engagent la partie, liv. II, chap. XIV.

(110) *Essoinera, s'excusera.* L'*essoine*, aujourd'hui *exoine*, en latin *essonia, essonium, sonnia, sunnis*, était une excuse légale proposée en justice. Beaumanoir a consacré à ces excuses un chapitre particulier, chap. II; t. I, p. 63. Il admet, pour l'avocat, quelques cas d'excuse, chap. V. art. 19.

(111) Ce serment, appelé *serment de calomnie, jusjurandum propter calumniam*, est emprunté au droit romain (Code, liv. II, tit. LIX, chap. I et II), dont cet article reproduit presque littéralement les termes. On le retrouve dans tous les documents judiciaires du moyen âge, et notamment dans Beaum., chap. VI, art. 30; t. I, p. 118, et les *Etabl. de saint Louis*, liv. I, chap. I. C'était après ce serment que le procès était qualifié de plaid régulier ou *plet ordené*.

(112) Le mot *calomnie*, qui aujourd'hui emporte un sens odieux, ne présentait autrefois d'autre sens que celui de contestation et de procès. De là le nom de *serment de calomnie* donné au serment purement litigieux. C'est ce qui résulte de ce passage du Code : « *In omnibus causis... ubi necessitas probationis incumbit, sancimus non aliter easdem probationes præstare compelli, nisi prius, qui eas exposcit, juramentum de calumnia præstiterit.* » Code, *loc. cit.*

(113) *Quod non calumniandi animo litem se movisse, sed æstimando bonam causam habere*, ibid. — La formule est donnée d'une manière plus explicite dans les Établissements : *Cil qui demande jurera que il croit avoir bonne querelle et droite demande, et qu'il répondra droite vérité à ce que l'en li demandera selon ce qu'il croit, et qu'il ne donra rien à la justice, ne ne pro-*

metra por la quérelle ne aus tesmoins fors que les despens aus tesmoins nécessaires, ne n'empeschera les preuves de son adversaire, ne riens ne dira contre les tesmoins qui seront amenés contre lui qu'il ne croie que voir soi et qu'il n'usera de fausses prueves. Establ., chap. I.

(114) *Reus autem non aliter suis allegationibus utatur nisi priùs et ipse juraverit quod, putans se bonâ instantiâ uti, ad reluctandum pervenerit.* Code, ibid.

(115) *In isto juramento adjiciendum est nullam in toto lite exacturum probationem, nisi quam pro veritate putat quis necessario esse exhibendam.* Ibid.

(116) *Quod nihil penitùs causâ patrocinii dederint judicibus, vel alicui personæ pro hâc causâ, vel promiserint, vel posteà dabunt, vel per se, vel per aliam personam.* Code, ibid.

Cil à qui l'en demandera jurrera qu'il croit avoir droit et bonne reson de soi défendre, et jurera les autres choses qui sont dites dessus. Établ., ibid.

(117) *Trahere,* amener, produire. On retrouvera une expression analogue dans l'article 153 du Code d'instruction criminelle : «La partie fera entendre ses témoins, si elle en a *amené* ou fait citer.» L'usage d'amener des témoins est aujourd'hui généralement abandonné. On les fait généralement citer.

(118) Ces trois délais, chacun de huit jours, sont également accordés par les *Coutumes d'Agen*, chap. VI ; cf. *Sérignac*, art. 11. — Les *Etablissements de saint Louis* n'accordent que deux délais : *Cil qui demande porra avoir deux jours, se il véaut, à prover, et non plus, ou longs ou cors, selong que les tesmoings seront loin ou pres.* Liv. De just. et de plet, appendice, art. 1.

(119) *Jusjurandi religione testes priùs quam perhibeant testimonium jamdudum artari præcipimus.* Code, liv. IV, tit. XX, l. 8 ; cf. Agen, chap. V. Beaumanoir donne ainsi la formule du serment : *Vos jurés, se Dix vos ahit, et li saint, et les saintes paroles qui sunt en cest livre et le pooir que Dix a en ciel et en terre, que voz dirés verité de ce qu'on voz demandera en le quérelle por le quele voz estes atrait en tesmognage, selong ce que voz en savés e sans menchongue ajouster, et que voz n'en mentirés por amor ne por hayne, por loier ne por promesse que vous en aiés eu, ne que voz en atendez à avoir, por peur, ne por crémeur de nului,* chap. XL, art. 6 ; t. II, p. 131.— Ce serment se retrouve en grande partie dans l'article 317 du Code d'instr. crim, *Jurat de dire vertat d'aquo dont seran traghs testimonis tant be per l'una part cum per l'autra.* Cout. d'Agen, chap. V.

(120) Ce mode d'audition est conforme à celui qui est indiqué dans les *Etablissements de saint Louis.* La partie désignait les témoins qu'elle voulait faire entendre, et les amenait avec elle. Le juge les entendait secrètement, comme fait aujourd'hui le juge d'instruction, recueillait leurs dépositions par écrit, et les faisait ensuite connaître aux parties qui pouvaient dès lors les combattre. *Et recevra li prevos les tesmoings... et let doit oïr secréement et tantost pueblier.* Etabl., liv. I, chap. I ; Cout. d'Agen, chap. V ; Sér., art. 12. — On ne trouve dans Beaumanoir aucun passage d'où l'on puisse induire le secret de cette audition. Ce secret, en effet, était contraire aux habitudes féodales qui permettaient d'arrêter le premier témoin en le *levant*, c'est-à-dire en l'appelant en duel, procédure qui implique la présence des parties. Le but du secret était précisément

de garantir le témoin contre cet appel aux armes, toujours fort désagréable pour lui. La procédure de nos coutumes substituait les reproches au duel, et c'est en cela que consistait son caractère novateur, qui ressort suffisamment de l'ordonnance de 1260 sur l'abolition des duels. L'article 2 de cette ordonnance porte, en effet, après cette prohibition, que si celui contre lequel on a produit un témoin a quelque chose à dire contre ce témoin, *l'en l'orra*.

(121) Les coutumes d'Agen ajoutent à l'éloignement du témoin les cas d'absence, de maladie, affaires commerciales et autres, laissant aussi au juge, dans ces cas, l'appréciation des délais, chap. V; cf. *Establ.*, ibid.; *Bordeaux*, art. 147.

(122) Le cas où le témoin appelé refuse de témoigner n'est pas prévu dans les *Etablissements*, mais il l'est dans les *Coutumes d'Agen*, chap. V. — Ces coutumes décident également qu'on peut le contraindre par voie de saisie. *Quant aucuns ne peut pas avoir ses témoins et il requiert as auditeurs qu'il li fassent venir, li auditeur y sont tenus.* Beaum., liv. XL, art. 26; t. II, p. 143. — L'obligation ainsi imposée aux témoins dérive du droit romain: *Invitus ad testimonium cogitur.* Code l. ult., *De fid. instr.*

(123) Les coutumes d'Agen portent à la place de ces mots *se laises*, ceux-ci, qui sont plus clairs : *no volia*. Cette différence fait supposer une erreur de copie.

(124) Allusion aux diverses justices et notamment aux justices censières qui pouvaient se trouver dans le même fief, et qui, en matière de procédure, se trouvaient assujetties aux coutumes de la terre. Voir ci-dessus, § 8, note (55).

(125) Ce passage est évidemment altéré, mais je n'ai pu le rectifier.

(126) Voir plus bas, art. 28, le coût de ces expéditions.

(127) *Et porra dire contre les dits és tesmoins cil à qui l'en demande, se il puet, chose qui vaille.* Establ., liv. I, chap. I. — Le principe ainsi posé n'est autre que celui du droit de contraire enquête qu'il faut bien se garder de confondre avec les reproches.

(128) Il existait au treizième siècle deux espèces d'appel, l'un dit *pour faux jugement* et l'autre *par amendement.* L'appel *pour faux jugement*, qui était une véritable provocation adressée au juge, se réglait par le duel, et commença vers le milieu du treizième siècle à tomber en désuétude. Il répugnait tant aux parties qui devaient le soutenir au péril de leur vie, qu'aux juges obligés de risquer leur existence pour justifier leur bien jugé. L'appel *par amendement*, au contraire, emprunté au droit canonique, qui permettait de reviser les sentences prononcées (Beaum., chap. LXVII, art. 49; t. II, p. 471), se réglait par les errements écrits du procès; il fut introduit dans les domaines des rois de France par l'ordonnance de saint Louis en date de 1260, c'est-à-dire, dix ans avant la rédaction de la coutume de Larroque-Timbaut. Les prescriptions de cette ordonnance, sans être obligatoires ailleurs que dans les domaines royaux, prévalurent successivement partout à titre d'usage. Il semble même que la ville d'Agen eût pris les devants à cet égard, car on trouve l'appel par *amendement* ou *amélioration* (*deu melhurar*), inscrit au chapitre XI de ses coutumes, cha-

pitre qui, d'après la rubrique, ne fait que reproduire un usage ancien, *segon los ancians usatges*, et dont la rédaction même est, suivant toute apparence, antérieure à 1260. C'est probablement conformément à cet usage, beaucoup plus que pour obéir à l'ordonnance, que ce mode d'appel s'est étendu à presque toutes les villes municipales de l'Agenais, où on le retrouve à peu près dans des termes plus ou moins semblables. Voir ci-dessus, note (79).

(129) L'appel suivait les mêmes degrés que l'hommage. Il était donc naturel que le seigneur dominant de Larroque-Timbaut reçût les appels des seigneurs censiers de son fief. Voir ci-dessus, § 8, note 55. Il n'est pas aussi facile d'expliquer comment il pouvait connaître des appels de sentences rendues par son propre juge assisté des consuls. A Agen, au contraire, les consuls étaient juges d'appel, même pour les sentences rendues par le sénéchal. A Sérignac et dans d'autres lieux, on nommait, pour connaître des appels, un nombre déterminé de notables dont les fonctions duraient un an, art. 8. — Cette confusion accuse les efforts tentés pour se soustraire aux exigences de l'appel par bataille. Elle dut cesser lorsque l'appel par amendement, envahissant successivement toutes les juridictions féodales, rendit toutes ces combinaisons sans objet.

(130) Les consuls n'étaient d'ordinaire que les assesseurs du bailli. Ils pouvaient cependant avoir une juridiction propre par voie de prorogation volontaire.

(131) Les autres coutumes sont presque toutes muettes sur le délai. D'après les principes du droit féodal pur, l'appel devait être fait sur-le-champ, *ades*, et sur le prononcé. Beaum., chap. LXI, art. 47 ; t. II, p. 393. — Le délai était donc un relâchement ou une faveur au profit du perdant.

(132) Le droit de révision admis par le droit canonique, ne s'appliquait qu'aux interlocutoires et non aux jugements définitifs, *des jugements qui viennent par encosté, qui ne sont pas du principal*. Beaum., chap. LXVII, art. 29. — C'est par là que le droit de révision différait de l'appel introduit dans nos coutumes, appel qui pouvait porter sur les décisions de toute nature.

(133) C'est l'amende du téméraire appelant conservée par l'article 471 du Code de procédure civile. De nos jours, cette amende revient au Trésor. Au treizième siècle, où l'appel était dirigé non contre la partie, mais contre le juge exposé à soutenir ses jugements les armes à la main, cette amende lui fut attribuée, même après l'abolition de l'appel *par faux jugement* ou *par duel*. Conf. *Cout. d'Agen*, art. 11 ; *Sér.*, art. 8.

(134) C'est le principe de la taxe tel qu'il est encore appliqué de nos jours avec cette différence, que la partie qui la réclame est dispensée du serment. Le tarif en tient lieu. Voir pour la taxe *Cout. d'Agen*, chap. X et XII.

(135) On suit encore le même principe et l'intimé, quel que soit le résultat de l'appel, ne peut être condamné à l'amende. La raison en est simple. L'amende est la peine de la témérité, et il ne saurait y avoir témérité à soutenir une cause qu'on a déjà gagnée.

(136) Voir note 134 au paragraphe précédent.

(137) Ces actes et jugements ne sont que les mentions faites sur le livre déjà indiqué au paragraphe 16, et dont la tenue était obligatoire. Beaumanoir parle aussi de quelque chose d'analogue pratiqué dans les cours ecclésiastiques, mais il ajoute que cet usage n'était point suivi en cour laïque, chap. VI, art. 15; t. I, p. 107.

(138) Les notaires étaient investis du droit de délivrer des expéditions authentiques. Ils étaient à la fois au service du public et des tribunaux, cumulant ainsi, avec les attributions principales des notaires actuels, celles de nos greffiers. Ce n'est que plus tard qu'elles ont été séparées. La coutume de Larroque-Timbaut s'en est occupée dans un chapitre spécial auquel je renvoie tout ce que j'ai à dire à leur sujet. Je ferai seulement remarquer que, dans le tarif des notaires renfermé au chapitre L des coutumes d'Agen, il n'est question ni de minute ni d'expédition de jugements.

(139) Le sceau donnait le cachet de l'authenticité. Chaque seigneur avait son sceau dont il se servait pour donner ce cachet à ses propres actes ou à ceux qui intéressaient ses vassaux. Pour en faciliter l'apposition sur les actes qui lui étaient étrangers, le seigneur le remettait à son juge qui en retirait un profit. Dans les seigneuries importantes, telles qu'un comté ou un duché, ce sceau était confié à un agent particulier qui prenait le titre de garde du sceau. Le titre de garde des sceaux de France n'a pas d'autre origine.

(140) Les notaires du moyen âge n'étaient pas dans l'habitude de signer leurs actes, mais cette signature était remplacée par des espèces de monogrammes ou paraphes, conçus dans des formes bizarres, et auxquels on donnait le nom de *seinhal* ou *seing*. La trace de ce mot se retrouve encore dans ce que nous appelons les actes sous *seing privé*. On lit à la fin de la coutume de Prayssas (petite coutume) : *Ego que comunal notari... mon senhal i pausey lo qual ès aitals... — Suit une espèce de paragraphe conçu d'une manière assez bizarre.* — Rev. hist. de droit franç., mars-avril 1860.

(141) On voit ici la différence entre les livres purement judiciaires et les conventions passées entre parties. Les actes du procès sont écrits tout au long : les conventions privées, au contraire, ne sont que sommairement mentionnées par *notas*, correspondant, du reste, aux répertoires actuels. Ces répertoires sont déposés aux greffes des tribunaux de première instance. Il résulte cependant des *Coutumes d'Agen*, chap. L, que ces notes devaient renfermer sinon l'acte entier, du moins les clauses les plus essentielles. *Ses tot mermament e ses tot acreisament e cum sera en la nota del paper.*

(142) Le tarif du manuscrit de Prayssas porte, au numéro 14 : *De quada brassà d'actas en paper III sols.* Le prix est le même. S'agit-il de la même chose? C'est difficile à savoir.

(143) *De examination de testimonis. II diners*, Prayssas.

(144) *De libel encorporar bailhat per l'actor deu aver l'escriva tant solament VI diners*, id.

(145) *De sententia escriota el paper, de quada part VI diners*, id.

(146) Ce mot signifiait à la fois *juridiction* et *peine*. Dans le langage habituel du moyen âge, le droit de justice était pris le plus habituellement

pour le droit de punir. C'est en ce sens qu'on disait, en conduisant un condamné : *laissez passer la justice du roi.*

(147) C'était l'amende du téméraire plaideur repoussée par notre droit comme contraire à la liberté de la justice. On y trouve la source du principe pratiqué jusques à la Révolution, qui met la rémunération du juge à la charge des parties : il y a cependant une différence entre cette amende et les épices. Cette amende était une peine, tandis que les épices étaient censées un don volontaire. Cette amende se trouve aux *Cout. d'Agen*, chap. X ; *Castelam.*, chap. XXVI ; *Sér.*, art. 3 ; *Ass. bourg*, chap. CCLIII et CCLIV. Edit. Fourlii.

(148) L'amende pour le défaut est prononcée par les *Cout. d'Agen*, chap. X ; *Castelan.*, art. 27 ; *Sér.*, art 3 ; *Ass. des bourg*, chap. CVI et CXI, édit. Fouché, t. I, p. 190 et 201 ; *Establ.*, liv. II, chap. XXVI ; *Cout. de Normandie*, édit. Marnier, p. 66 et 196 — On peut considérer cette amende comme étant d'un usage général, usage qui s'explique par la nécessité de la comparution personnelle. La comparution par procureur a dû la faire disparaître.

(149) Les textes du droit romain qui traitent des excuses et des procureurs se trouvent au Dig., liv. II, tit. IV ; liv. III, tit. III ; et au Code, liv. II, tit. II et XIII ; nov. 96, §§ 1 et 71.— Dans tous les textes de coutumes, l'amende est toujours subordonnée au cas où la partie appelée n'invoquera aucune excuse. *Si per leial excusatio defendre no s'en podia*, Agen, chap. X ; *pot lo dia desempleiar per ayps conoguts*, Sér., art. 4.— Beaumanoir a consacré un chapitre aux *exoines* ou excuses, et un autre aux procureurs.

(150) L'obligation de parcourir les rues de la ville, accompagné d'un agent chargé de proclamer la peine et la cause de la peine, n'était point spéciale au faux témoignage. On la trouvera plus bas appliquée à l'adultère.

(151) La peine du transpercement de la langue par un fer rouge paraît avoir été réservée aux crimes de la parole. Tout le monde connaît l'ordonnance de saint Louis qui la prononce contre les blasphémateurs.

(152) Dans Beaumanoir, la peine corporelle appliquée aux faux témoins est la prison accompagnée du pilori, chap. XXX, art. 45 ; t. I, p. 424. — D'après les *Etablissements de saint Louis*, cette peine était arbitraire : *Et est à savoir que faus tesmoins sera punis selon ce que li prevos verra que bien sera*, liv. I, chap. I. — Les coutumes d'Agen prononcent à la fois la promenade et la langue percée, mais il n'y est pas question de la *crida*,—Agen, chap. XXI. — A Sérignac, même peine, art. 14. — A Cahors, la peine corporelle était arbitraire, chap. XIV.

(153) Partout ailleurs, l'amende était arbitraire. *Sas causas son encorregadas al senhor*, chap. XXI ; Serig., id. *Il demore en la volonté de la justice por l'amende.* Establ., liv. I, chap. VII. — Si est l'amende à la volonté du seigneur. Beaum., *ibid.*— Dans notre droit, les peines du faux témoignage sont graduées suivant la nature de la juridiction devant laquelle il a été fourni, et l'étendue présumée du préjudice causé, l. 6, art. 361 et suiv. — Ce système est conforme à celui qui se pratiquait avant la révolution. Ferr., *Dict. de pratique* v° FAUX TÉMOINS.

(154) Les coutumes d'Agen refusent aux faux témoins le droit de déposer en justice, *ibid.* — D'après la loi Julia, on devait refuser d'admettre en témoignage celui qui *ob testimonium dicendum vel non dicendum pecuniam accepisse judicatus vel convictus fuerit*, ff., liv. XXIII, tit. v, l. 3, § 5; *id.*, Beaum., chap. XXXIX, art. 42; t. I, p. 106; Code pén., art. 34, § 3.

(155) Pour être privé du droit de déposer, il n'était donc pas nécessaire qu'il y eût condamnation expresse, c'est du moins ce qui semble résulter de l'opposition de ces deux mots *probat o jutjat*, empruntés eux-mêmes à la loi romaine *judicatus vel convictus* dont ils sont la reproduction littérale.

(156) Les diverses dispositions de ce paragraphe, plus ou moins intelligiblement reproduites dans d'autres chartes de coutumes, exigent quelques explications générales. Pour les bien comprendre, il faut se reporter à l'article 1781 du Code Napoléon.

Aux termes de cet article, le maître, dans ses débats avec ses domestiques, en est cru sur son affirmation dans certains cas déterminés où on ne peut d'ailleurs avoir d'autre preuve, et qui sont : la quotité des gages, le payement des salaires échus et le montant des à-compte. C'est contre une disposition analogue que les seigneurs du moyen âge invoquaient à leur profit, et voulaient sans doute appliquer à l'ensemble de leurs rapports avec leurs vassaux, que cet article a pour but de protester. Mais ici naissaient des difficultés qui n'étaient pas sans quelque embarras.

D'après Beaumanoir, chap. XXXIX, art. 70, 71 et 72; t. II, p. 121, le roi et tout seigneur tenant baronie (et les seigneurs de Larroque étaient de ce nombre) avaient le droit de constater, dans des actes appelés *lettres*, toute espèce de conventions faites entre eux et leurs sujets ou vassaux. Il leur suffisait, pour donner à ces actes le caractère obligatoire, d'y faire apposer leur sceau, dont la seule présence suffisait pour faire foi tant pour eux que contre eux. *Ce vaut plein tesmognage por li et contre li.* C'était là un privilége exorbitant, analogue dans une certaine mesure à celui de l'article 1781, et qui devait soulever des protestations. Il importait donc de le réduire à de certaines limites, et c'est pour ce motif que les preuves résultant de ces lettres sont restreintes aux cas où il s'agit des actes d'un procès solennellement attestés par les juges eux-mêmes, et à ceux où les constatations étaient faites par chartes de notaire ou par lettres scellées d'un sceau authentique. C'était le moyen de les renfermer dans un cercle légal et restreint. En dehors de ces modes d'affirmation, le témoignage du baron ne pouvait pas être accepté.

Ce qui était exigé du baron, véritable souverain de la terre, devait l'être à plus forte raison des simples seigneurs censiers, dont le sceau avait moins d'importance. C'est ce que décide d'ailleurs le paragraphe suivant.

Cf. *Agen*, chap. X; *Bordeaux*, § 47; *Cahors*, art. 91.

(157) La dénégation ou *ni* du fief était le refus de reconnaître l'existence du bail à rente féodale. *E si plaghs era entre l senhor de feus en son feusater, que l feusaters li negues son feus.* Cout. d'Agen, chap. XLI. — A la différence des coutumes de Larroque, celles d'Agen, même dans ce cas, n'admettaient pas la preuve par la simple affirmation du seigneur. *Ibid.*

(158) L'amoindrissement. Abréger le fief, c'était l'amoindrir.

(159) Les oblies étaient les redevances annuelles ou cens.

(160) Cour vêtue, cour au complet ou suffisamment garnie de juges. Cette expression se retrouve fréquemment dans Beaumanoir.

(161) Ce passage fait allusion à la procédure orale. Les actes faits oralement devaient être rappelés ou, comme on disait alors, recordés verbalement par la cour tout entière. On a d'autant plus de peine à s'expliquer cette allusion, que les divers articles relatifs à la procédure attestent la pratique constante de la procédure écrite. Le rédacteur l'aura sans doute introduite légèrement dans son texte, en l'empruntant à des textes plus anciens.

(162) Les actes communs ou les actes faits en commun par le juge et les consuls servant d'assesseurs.

(163) Le principe proclamé dans ce paragraphe, n'est autre que celui qui se trouve dans l'article 1626 du Code Napoléon. Je ne l'ai retrouvé dans aucun document contemporain formulé avec autant de netteté. Au fond, ce n'est que l'application des règles éparpillées dans les divers chapitres du droit romain sur les évictions. ff., liv. XXI, tit. I; Code, liv. VIII, tit. XLV.

(164) Le mot *héritage*, *heretat*, avait un double sens : il exprimait tout à la fois l'idée de *succession* et celle d'immeuble ou de nature d'immeubles. Il est pris ici dans ce dernier sens. Il faut, en conséquence, traduire ainsi : *quiconque vendra des terres ou autres droits immobiliers*. Beaumanoir entend par *héritage* tout ce qui porte un revenu annuel : *l'eritage si sont cozes qui ne poent estre mues et qui valent par anées aux seigneurs à qui ils sont*, chap. XXIII, art. 3 ; t. I, p. 332.

(165) Ce mot signifie ici *ayant cause*. On le retrouve plus habituellement dans le sens d'héritier institué. Voir Ducange, v[is] ORDINARE, ORDINATUS, INORDINATUS.

(166) On trouve dans le même manuscrit la copie d'un acte de vente relative à une seigneurie censière, et qui renferme la clause de garantie suivante : « Promet e autrejet que ferm e leial stipulatio per si e per sos « hereters e successors al predigh N. Per si e per sos hereters e succes- « sors stipulant e receben, far e portar bonna e ferma guirentia de la « proprietat e de la possessio e de par senhoria e de totas las personas « e de tots amparadors que forsa ni demanda o questio o controversia « o alcun autre contrast o alcuna turbatio o molestatio o violensa li fassa « o li moguisso en alcuna manera o per alcuna causa, a dregh o per las « costumas en alcun loc ni en alcun temps. »

(167) *Autant et mieux* que s'il y avait eu convention expresse.

(168) Le mot *feus* ou fief, est toujours employé dans ce texte pour exprimer une terre donnée à rente féodale ou fief roturier. C'est ce qui résultait déjà des observations présentées au paragraphe 8, note 55.

(169) Cette formule, qui rappelle l'ancienne formule *de par le roi*, que tous les actes rédigés en latin rendent *per dominum regem*, se retrouve dans plusieurs autres textes romans, *lo deu autreiar de part senhoria*. Cout. d'Agen, chap. XXXIX. — La forme *part* au lieu de *par* m'a fait présumer que ce mot provenait du mot *partir*, *diviser*, *partager*. Le seigneur censier

qui disposait de sa terre au profit d'un tenancier en ne se réservant que le domaine honorifique et indirect *divisait*, en effet, son droit; du bail à rente féodale cette formule a pu passer aux autres actes de l'autorité publique et devenir de forme, comme il est arrivé pour tant d'autres formules. La garantie *de part senhoria* est évidemment ici celle qui a pour objet d'assurer au tenancier qu'aucun autre seigneur ne lui réclamera les droits dérivant de la seigneurie. Cette application semble venir à l'appui de mon hypothèse.

(170) Cette faculté d'aliéner créait deux véritables propriétaires : l'un direct, ayant ce qu'on appelait le domaine utile, percevant les fruits et transmettant son droit par toutes les voies régulières de transmission; c'est celui auquel on donne le plus ordinairement le nom de *tenancier*, parce qu'il tenait la terre d'un autre; on l'appelle aussi *censitaire*, à cause du *cens* annuel attaché à la possession, mais ce nom ne convient guère dans les provinces méridionales, où ce qu'on appelait *cens* se nommait *oblies*. Enfin, on le nomme aussi *feudataire*, et presque toutes les chartes de coutumes ont adopté cette appellation; mais j'ai évité de m'en servir pour éviter toute équivoque, ce mot *feudataire* ayant passé depuis longtemps dans la langue historique pour exprimer les propriétaires de fiefs nobles et même des grands fiefs. C'est ainsi que les plus grands vassaux de la couronne sont habituellement désignés sous le titre de grands feudataires. L'autre propriétaire conservait simplement le droit de percevoir un cens annuel accompagné de quelques prérogatives. C'est ce qu'on appelait le domaine direct ou honorifique. Ce propriétaire ainsi restreint recevait habituellement le nom de *seigneur censier*; *seigneur*, parce qu'il conservait certaines prérogatives féodales; *censier*, parce qu'il y joignait le bénéfice d'un cens annuel. J'ai expliqué plus haut la différence entre un *seigneur censier* et le *seigneur dominant* ou *haut justicier*. Un seigneur dominant pouvait et devait même être en même temps *censier* dans quelques parties de sa seigneurie. S'il en eût été autrement, ses revenus, sans lesquels il n'aurait pu soutenir son rang, se seraient réduits à presque rien.

(171) *Léguer*, forme romane du mot latin *legare*, et d'où est venu notre mot *laisser*, aujourd'hui synonyme d'*abandonner*.

(172) Le droit de vendre et d'aliéner, fondement de la liberté civile, est inscrit dans presque toutes les chartes de coutumes dont il forme la base essentielle, et, pour ainsi dire, le dogme civil et fondamental. Il était inutile de le mentionner dans les villes qui, comme celles d'Agen, en jouissaient depuis un temps immémorial. Aussi n'est-il rappelé dans les coutumes de cette ville que par les règles relatives à son application. Mais il est toujours formellement rappelé dans les villes d'émancipation récente. Voici ce qu'on lit dans les coutumes de Castelamouroux, art. 9, inédit, 1287 : *Quod habitantes loci possint emere et recipere in censum, aut res immobiles dare.* Je pourrais multiplier les citations sans fin.

(173) On désignait ainsi le seigneur de l'Agenais, ce qui faisait trois espèces de seigneurs hiérarchiquement superposés : 1° le seigneur général de la terre, prenant partout ailleurs le titre de duc, de comte ou même de vicomte, mais dépourvu de titre dans des domaines qui, comme l'Agenais,

appartenaient à des princes déjà pourvus de titres plus élevés, tels que ceux de ducs ou de rois. Cette terre, en effet, appartenait en 1270 à Alphonse, déjà comte de Poitiers et de Toulouse. Voilà pourquoi il n'est désigné ici que sous la qualité de *seigneur majeur* ; 2° le seigneur principal et spécial du fief, correspondant à ce que les *Etablisssements de saint Louis* appellent *le baron* ou *li bers*, dans l'espèce, les co-seigneurs de Larroque ; 3° les seigneurs censiers, désignés sous les noms divers de chevaliers, donzels, gens de parage, titres indiquant la noblesse de leur naissance ou leur rang dans la chevalerie.

(174) Cette prohibition était loin, comme on serait tenté de le croire, sur une simple apparence, d'être une disposition libérale. Elle était, au contraire, une grave atteinte apportée au droit de disposer, atteinte dérivant de la nature spéciale du contrat à rente féodale. Le tenancier ne pouvait aliéner sa terre qu'avec les charges dont elle était grevée, charges en partie réelles, et en partie personnelles. Il répugnait au régime féodal, non-seulement qu'un roi, un comte ou un baron, mais un simple gentilhomme, pût être appelé à jouer vis-à-vis d'un seigneur censier le rôle humble de tenancier. Il répugnait encore davantage à ce seigneur d'avoir des tenanciers pareils, à l'égard desquels il se trouvait, à raison de leur position, à demi désarmé. C'est là le véritable motif de la prohibition. Le paragraphe 15 ci-dessus contient une autre application du même principe. D'après les coutumes d'Agen, le seigneur était dispensé d'agréer ces sortes d'aliénations, chap. XXV. — La coutume de Sériguac admet, il est vrai, ces aliénations, mais à la condition que l'acquéreur s'en dessaisira dans l'an et jour, art. 56. — Ces règles conservatoires du principe féodal étaient, à ce qu'il semble, assez fréquemment violées, car on trouve souvent des barons et même des rois payant des redevances pour des terres roturières à l'origine. Le seigneur, *senes meja*, sans intermédiaire, était celui dont le tenancier tenait nuement.

(175) Le retrait était dans l'ancien droit la faculté de retirer, moyennant remboursement, un immeuble aliéné. Cette faculté était accordée, par le droit commun, aux parents et aux seigneurs. Elle n'existe plus aujourd'hui qu'entre cohéritiers et pour la vente d'un droit successoral, art. 841, Code Nap. — Le mot *torn*, par laquelle le retrait est désigné ici, paraît venir d'un vieux mot traduit en latin par *turnus*, et dont nous avons fait *retourner*. Voir Ducange, v° TORNARE. — On l'appelait plus particulièrement *retractus per bursam* ou *turnus per bursam*, à cause du remboursement qui en était la condition essentielle. Beaumanoir l'appelle *rescousse d'héritage*, chap. XLIV. — On lit dans les *Cout. d'Auch*, art. 60, *Ratione tornariæ, res tornatæ*. Agen, chap. XXXVIII, *Torner si i avia, retener per torn*. Bordeaux, § 85 et suiv. *Demandar torn*. Ce mot était donc d'un usage général dans le Midi.

(176) Ces mots ont pour objet de distinguer la vente du domaine grevé de cens de celle qui s'opérait par la cession à charge de surcens, et dont il sera question plus bas. La *vente pure* était la vente faite dans les conditions normales.

(177) Le retrait lignager ou *torn*, était, sans contredit, le plus grave

obstacle apporté soit par le régime féodal, soit par le régime antérieur, à la libre transmission des biens. L'origine de ce droit paraît devoir être attribuée à une espèce de copropriété appartenant primitivement à toute la famille du possesseur d'un immeuble. En parcourant, en effet, divers cartulaires anciens, et notamment celui de Saint-Père de Chartres, j'ai été frappé de deux circonstances qui m'ont paru explicatives de l'origine de ce retrait. La première est celle-ci : dans tous les actes de donation ou de vente, on a toujours le soin de faire intervenir, outre le donateur et le vendeur, sa femme et ses enfants de tout sexe et de tout âge ; la seconde, c'est que toutes les contestations soulevées à propos des objets vendus ou donnés proviennent habituellement ou de fils qui, suivant toute apparence, étaient à l'état de minorité au moment des actes, ou de gendres qui soutenaient d'ordinaire que l'adhésion donnée par leurs femmes n'avait pas été libre ; j'en ai conclu que la propriété patrimoniale était, à cette époque, c'est-à-dire du neuvième au onzième siècle, réputée commune, et que, dans les idées juridiques du temps, on la faisait reposer au même titre sur chaque membre de la famille. Le principe de cette communauté dut tomber lentement en désuétude ; la dérogation commença dans les hautes régions. Elle dut porter tout naturellement sur le fief noble qui, étant moins une propriété privée que l'exercice d'une fonction héréditaire et patrimoniale, exigeait l'intervention directe et individuelle du chef de famille. Elle s'étendit de là à tous les autres immeubles et même aux meubles. Les fiefs roturiers suivirent le sort des fiefs nobles, et, à l'exemple des familles nobles, les familles simplement libres repoussèrent le principe de la communauté. D'après Beaumanoir, en effet, ce principe ne s'appliquait plus, au moins de plein droit, qu'aux *gens de pooté*, et son application révélait un état voisin du servage, chap. XXI, art. 8 ; t. I, p. 307. — Mais le retour à la propriété individuelle ne fit pas cesser tout ce que le régime antérieur avait fait naître. Tant que la communauté avait subsisté, chaque membre de la famille avait pu s'opposer à la vente soit avant, soit après le décès du vendeur. Il est probable que, pour éviter toute opposition, les acheteurs contractèrent l'habitude d'offrir aux parents l'option soit de prendre pour eux l'immeuble vendu, à la charge de satisfaire le vendeur, soit de ratifier la vente. Plus tard, la ratification dut être considérée comme résultant du silence. Ce système satisfaisait à la fois tous les droits, et c'est celui qui, sous le nom de retrait lignager, a survécu au principe même de la communauté qui l'avait rendu nécessaire.

D'après ce paragraphe, pour exercer le retrait, il fallait seulement deux conditions : 1° être parent jusques au quatrième degré ; 2° être membre de la communauté ou du *sacrament*. Moyennant ces conditions, on pouvait réclamer la préférence sur l'acheteur; seulement cette préférence devait être réclamée, pour le parent présent, dans les quinze jours après la publicité donnée à la vente, et pour l'absent, dans l'année après cette publicité. La première de ces conditions, c'est-à-dire la parenté, était nécessaire partout, puisque c'était la condition même du retrait. C'est ce qui fait dire à Beaumanoir : *Qui veult rescorre* (retraire) *héritage, il doit prover qu'il est du lignage a celi qui le vendi*, chap. XLIV, art. 7 ; t. II, p. 189.

— Mais ce jurisconsulte ajoute immédiatement qu'il fallait prouver en outre que l'immeuble vendu était provenu au vendeur par succession du côté de sa ligne : *que li héritages muet du costé dont il apartient au vendeur*, id. — Quant au degré de parenté, Beaumanoir va jusques au septième, *id.*, art. 12.— Les coutumes d'Agen sont conformes ; elles admettent le retrait quel que soit le degré de parenté, *en qualque manera sia sos parents*, chap. XXXVIII ; et exigent que cette parenté soit du côté de la ligne : *no a torn per reténer si no era estat de sos linhatge*, ibid. Voir aussi *Cout. de Sérignac*, art. 54 et 55 ; *Bordeaux*, § 85 et suiv. — On voit par ces citations que l'Agenais, quoique pays de droit écrit, admettait les retraits contrairement à ce qui a été dit à ce sujet. Voir Ferr., *Dict. de prat.*, v° RETRAIT LIGNAGER. — Le délai variait suivant les lieux.

(178) Le retrait seigneurial ou censuel, dont il est ici question, ne s'exerçait donc qu'à défaut du retrait lignager. Les coutumes d'Agen le disen expressément, — chap. XXXVIII, et c'était un principe généralement admis. Les huit jours pour délibérer étaient également de droit commun.

(179) La prestation du serment restait subordonnée à l'appréciation de l'acheteur, qui restait libre de l'exiger ou de ne pas l'exiger. Cf. *Agen*, chap. XXXVIII. — Beaumanoir est muet sur le serment. Le but de ce serment est facile à saisir. On ne voulait pas que ce retrait pût être une source de spéculation. Les coutumes d'Agen le disent expressément.

(180) Littéralement *table*. On appelait *tables* les registres servant à inscrire soit les actes, soit les titres de propriété. Suivant toute apparence, le sens de cette locution s'étendit à l'ensemble des propriétés décrites sur ces tables, et le mot *taula* exprima l'ensemble des droits consacrés par ces inscriptions, comme le mot *mensa* désignait tous les droits attachés à la possession d'un bénéfice. Ducange a omis de comprendre cette acception parmi les diverses acceptions du mot *tabula*. Les coutumes d'Agen se servent également de ce mot : *Que per sa taula o rete*, chap. XXXVIII.

(181) Dans le contrat à rente féodale, le seigneur était toujours intéressé. Ce contrat, en effet, entraînait des obligations personnelles qu'il ne pouvait lui être indifférent de laisser à la charge du premier venu. D'ailleurs, d'après une fiction résultant d'un usage primitif, la concession n'était censée faite qu'au profit du concessionnaire direct, et devait se renouveler à chaque mutation. Le seigneur devait en conséquence approuver, ou, comme on disait alors, octroyer le changement ; dans ce but on se présentait devant lui pour obtenir cet octroi ou investiture, et le seigneur se faisait payer sa complaisance au moyen d'un droit variable, suivant la nature de la mutation.

(182) Pour être tenu en franchise suivant les coutumes, c'est-à-dire sans autres charges que celles résultant de ces coutumes.

(183) Sans procès, c'est-à-dire, probablement, sans recourir à une décision judiciaire.

(184) Défaut, retard injustifié.

(185) *Sos capsols, so es assaber, I diner de cada XII diners*, Cout. d'Agen, chap. XXXVIII. — Le douzième denier ou environ 8,33 pour 100. *Capsol, capsoos, capsools*, en latin *capsoldum, caput solidum*, et en français *chef-*

sol (voir Ducange, v° CAPUT SOLIDUM), était le droit proportionnel de vente. La locution primitive a dû être *pro capite solidum*, et de contraction en contraction *capsol*. Ce mot tomba en désuétude et on le remplaça par celui de *ventes* (lods et ventes).

(186) Le sens de ce passage n'est pas que l'acheteur paye immédiatement les *acaptes*, mais qu'il reste soumis à leur payement en temps et lieu. L'acapte, *accaptamentum*, *accaptagio* (voir Ducange, v° ACCAPITARE), était un droit de mutation perçu à chaque changement soit du seigneur, soit du tenancier. A une époque où le sens des mots paraît n'avoir pas toujours été précisé, il ne serait pas étonnant qu'on l'eût confondu quelquefois avec le *capsol*. Cependant on l'en distingue le plus souvent. Voir Boutaric, *Droit seign.*, chap. VI, p. 248. — L'usage de ce mot paraît avoir été spécial aux contrées méridionales.

(187) L'oblie était le cens annuel. On l'appelait ainsi du mot *oblare*, *offrir*, probablement parce qu'elle était apportée spontanément au domicile du seigneur, c'est-à-dire offerte par le prestataire. Le mot *cens*, qui en est l'équivalent, a prévalu dans l'usage. On retrouve cependant les *oblies* dans Boutaric, *Traité des droits seigneuriaux*, chap. XV, p. 651, édit. 1747, sous le nom de droit d'*oubliage*. On voit par la définition qu'en donne ce jurisconsulte que le sens de ce mot s'était complétement transformé.

(188) On a de la peine à comprendre en quoi consistait cette garantie, sinon en un engagement à protéger le possesseur contre les entreprises d'une usurpation, devoir déjà compris dans l'obligation imposée au juge de faire respecter le droit. On ne la retrouve pas dans le texte des coutumes d'Agen.

(189) La perception du droit de vente se faisait sur la déclaration du tenancier, vendeur. *Despoiss que l feuzater se sera presentat devant la senhor*. Cout. d'Agen, chap. XLVI.

(190) Ce principe, d'après lequel les ventes même résolues donnent lieu à des droits, devait être de jurisprudence générale. On le retrouve dans les *Cout. d'Agen*, chap. XLVI. — D'après Boutaric, il régnait encore au dix-huitième siècle, p. 193.

(191) Le passage en italique manque entièrement au texte, ce qui le rend inintelligible. Je l'ai restitué à l'aide d'un passage du chap. XLVII des coutumes d'Agen, qui traite, non du même cas, mais d'un cas analogue. Le principe qui attribue à chaque seigneur, au *prorata* de son droit, une portion des droits de vente, est trop clair par lui-même, pour qu'il soit nécessaire d'entrer en explication.

(192) Le *surcens* était un cens enté sur un cens précédent. La définition que j'en ai donnée à la note 1re du chap. XLIV des coutumes d'Agen est incomplète. Je dois en conséquence la compléter. Cet accroissement de cens est désigné dans Ducange sous les noms de *census crescens*, *census capitalis*, *supercensus*. Beaumanoir l'appelle *cens costier*. Quoique tombé en désuétude en divers lieux au temps de Denisart, il est néanmoins indiqué par ce jurisconsulte sous le nom de *croix de cens*, v° CENS, n° 8.

Le tenancier, propriétaire d'un immeuble à lui cédé sous la condition d'un cens annuel, pouvait, au lieu de vendre la terre, comme il en avait le droit, aux mêmes conditions dont il était lui-même tenu, emprunter sur cet immeuble et consentir le payement d'une rente annuelle, ayant les apparences d'un cens sans en avoir les caractères légaux. Cette rente formait ce qu'on appelait le *surcens*, c'est-à-dire un accroissement de cens primitif. De là le nom de *census crescens* et de *croît* ou *croix de cens*. C'est ce que Beaumanoir explique ainsi : *Si comme ils ont vendu à un preudhomme sor lor manoirs deniers de rente, ou sor lor héritage*, chap. XXIV, art. 20; t. I, p. 349. — Cette stipulation qui n'était, à vrai dire, qu'une constitution de rente entée sur un bail à rente féodale, ne devait pas, ainsi que le dit ce jurisconsulte, effacer le cens primitif, et chacun d'eux devait subsister avec le caractère qui lui était propre.

Il y avait aussi un autre cas, celui dont je m'étais exclusivement préoccupé dans ma note sur le chap. XLIV des coutumes d'Agen. Le tenancier pouvait, moyennant une somme déterminée, céder à un autre tenancier la terre qu'il possédait avec charge d'une rente féodale, en imposant à son cessionnaire une rente plus forte que celle qu'il devait lui-même. C'était encore une constitution de rente au profit du cédant, mais le résultat était toujours le même, en ce sens que le nouveau tenancier devait toujours deux rentes, c'est-à-dire le cens et le surcens. Beaumanoir s'exprime ainsi au sujet de cette autre forme de surcens : *Ou si comme aucuns baille à sorcens à autrui ce qu'il tenait à droit chens d'autrui seigneur*, ibid. — Dans ce cas comme dans l'autre, il y avait un seul et même créancier pour deux rentes différentes. C'était dans la pratique un grave embarras, que le seigneur censier était toujours maître d'arrêter en exerçant le retrait au moment de la constitution de la rente accrue, mais qu'il n'arrêtait pas toujours, parce qu'il lui en aurait trop coûté; dans ce cas le surcens pouvait singulièrement lui nuire, en ce sens que le tenancier, obligé de payer des rentes trop considérables, pouvait laisser son domaine et même l'abandonner, privant ainsi le seigneur de tout tenancier et par suite des moyens de se faire payer sa propre rente. C'est ce que Beaumanoir explique avec beaucoup de clarté, *ibid.*— De là des mesures restrictives, ou tout au moins la nécessité d'une réglementation pour sauvegarder le droit seigneurial; dans certaines coutumes, on évitait tous ces embarras en prohibant formellement le surcens. Celle de Larroque maintient les surcens déjà créés, mais elle pose des conditions pour ceux qui sont à créer dans l'avenir. D'après Beaumanoir, *une nouvelle coutume* voulait qu'il n'en pût être établi sans l'autorisation du seigneur.

Des deux modes de surcens indiqués par Beaumanoir, la coutume de Larroque ne s'arrête qu'à un seul, celui qui est relatif à la substitution d'un sous-tenancier au tenancier direct. Dans l'autre cas, celui où le tenancier se charge lui-même d'un accroissement de rente, la situation était trop nette pour soulever des difficultés. Il n'en était pas de même dans le cas de la substitution, car le sous-tenancier qui n'avait pas reçu directement du seigneur, pouvait ou négliger ou ignorer ce qui revenait à l'un plutôt qu'à l'autre, ce qui constituait un cens et ce qui n'était qu'un surcens. Ici, il y avait donc des précautions à prendre, et ces précautions n'avaient peut-être pas été bien prises dans les surcens précédemment établis. Il importait en conséquence de les prendre pour l'avenir. Elles se réduisaient à trois : 1° le bailleur à surcens devait retenir, réserver ou fixer sur le montant total de la rente une portion correspondante au taux de la rente principale. Cette portion s'appelait *capfeus* ou *chef-cens;* 2° le constituant ne pouvait se dessaisir de ce *chef-cens*, par voie d'aliénation ou autrement, sans se dessaisir en même temps de toute la terre, c'est-à-dire sans présenter un tenancier direct à sa place. Cette situation le maintenait irrévocablement sous l'action directe du seigneur; 3° ce seigneur devait intervenir dans la constitution de la sous-rente, de manière à lui permettre de veiller sans cesse sur ses intérêts et de prévenir une confusion dont il pouvait avoir à redouter les effets. Cette intervention avait encore un autre but. La stipulation d'un surcens cachait presque toujours une vente, et le seigneur profitait de cette intervention pour percevoir des droits de mutation. Toutes ces règles ressortent des deux paragraphes qui suivent, et plus particulièrement du chap. XLIV des coutumes d'Agen où elles sont exposées avec plus de détail.

(193) D'après les coutumes d'Agen, le chef-cens réservé doit être égal au montant de la rente primitive : *si alcuns hom vol sobre afeuzar feus que tenga a la costuma d'Agen pot o far ab que si retenga cap-feus ab que l'usatges que issera d'aquel cap-feus pusca valer cada an tant cum las oblias del meiss feus seran cada an*. Cette règle paraît plus naturelle que celle qui résulte d'une appréciation à faire par les consuls.

(194) Le sens de ce dernier membre de phrase est : *afin que le seigneur puisse toujours exercer son retrait.*

(195) Le seigneur dont la rente n'était point payée avait des moyens coercitifs d'une nature particulière et dont il sera question plus bas. Mais le bénéficiaire du surcens, qui n'avait en définitive qu'une rente foncière et sans priviléges, jouissait-il de ces moyens? Il est au moins permis d'en douter; c'est même probablement parce que ces moyens n'existaient pas, qu'on faisait toutes ces distinctions. Elles se sont effacées avec le temps et existaient à peine au temps de Dumoulin, *Comm. sur la cout. de Paris*, art. 71, et de Loyseau, *Du déguerpiss.*, liv. I.

(196) Le sens de cette dernière disposition, autant qu'il est permis de la comprendre, est que le surcens stipulé, à défaut de réserve, ou en cas d'aliénation du chef-cens, revient tout entier, par voie de retrait, *retornar*, au seigneur censier, sans aucune distinction. Les coutumes d'Agen, qui ne sont guère plus intelligibles sur ce point, paraissent devoir être interprétées de la même manière.

En résumé, cette matière est la plus obscure de toute la coutume; les termes de comparaison manquent, et les jurisconsultes du seizième et du dix-septième siècle se sont mis fort peu en peine de l'éclaircir.

COUTUMES DE LARROQUE-TIMBAUD.

1270.

---

§ **41.** — Des surcens (suite). — Le seigneur direct n'a droit qu'au cens et autres droits seigneuriaux. — Il ne lui est dû du surcens. — Il doit agréer les sous-tenanciers substitués par le tenancier.— Les sous-tenanciers doivent remplir les devoirs du tenancier.

Empero que totas las horas (que) remazessa aquilh sobre-afeuzament a las personas a qui ero estat afeuzat en sobre-feus, que aquel senhor no agues res en la proprietat (197) d'aquel sobre-afeuzament mas sas oblias et sas autras senhorias; e que a cadau dels [1] feuzaters que aurio pres a sobre-feus aquel senhor autreges (198) a cada 1 sou feus per las costumas del dich castel; e que (aquilh) acaptesso (199) de luy per avant, e l'en fasso sos devers aitant cum far ne solia aquel que los a sobre-afeuzat.

§ **42.** — Donation et division de la rente. — Le donateur qui dispose d'une partie de sa terre, doit déterminer la part des charges seigneuriales dont il reste grevé, sous peine de confiscation de la portion donnée.

E se hom [2] donna una partida de son feus a sa filha, o a autras personas, e la vestiz (200) d'aquel meis feus, que ab aitant cum devra se retengua oblias e acaptes, et que la renda per feuzatera o per feuzater al senhor de qui o tenia per so que no pusco alienar d'aquel feus (201); e si aissi no o fazia si meiss d'aissi en avant (202), que aquela partida que daria d'aquel feus fos encorsa al senhor del qual el o tenia senes meja.

[1] De sos.
[2] On.

§ 43. — En matière de rentes féodales, le terme de payement est de rigueur. — Le retard est puni d'une amende de 5 sous (203).

E totas las oblias que seran degudas per los feus, o per las terras, o per las heretats del predigh castel e de la honnor, sio pagadas al dia que sera establit ; e qui adonc no las pagara que l costes v sols de gatges que sio al senhor de qui so aquelas oblias.

§ 44. — Les droits de mutation doivent être payés dans les treize jours qui suivent la réquisition, sous peine d'une amende de 2 sous (204).

E qui no pagara l'acapte que devra dedins XIII dias que l mandara d'acapte aquel senhor a qui la deu, que l coste 11 sols de gatge, et que l rendra son acapte.

§ 45. — De la caution judiciaire. — Le seigneur censier peut la demander tant pour lui que pour autrui.

Et quant lo senhor del feus demandera fermansas a son feuzater per lo feus (205) que te de lui per la sua rancura (206), que l fęrma que l fassa dregh per sa ma e sobre son feus (207) ; e si fermansa li demanda per clamor d'autrui, que l'en donna, e si no (o) fa en aquel dia que l coste v sols de gatge per cada dia que l layssara ses dar las fiansas [1] ; empero si no l pot donar fiansas, jure que no l pot e que fara dregh sobre si meis (208) e sobre le feus.

§ 46. — Des dépens. — Entre le seigneur censier et le tenancier il n'y a pas de dépens (209). — Entre tenanciers le seigneur peut prélever les dépens arbitrés par la Cour (210). — Les consuls et notables font partie de cette cour.

E (que l) senhor de feus ni leve messios de feuzater per lo plagh que aura ab lui per so meiss fagh, o per la sua rancura ; mas si lo plagh ve devant lo senhor del feus entre (1) feuzaters e aquel que cujava estre feuzaters, adonc lo senhor del feus ne pusca levar messios razonablas, si l vol, am [2] doas las partidas a conoguda de sa cort ; e sa cort deu estre dels cosselhs e

[1] Peiar a fincas : mots dépourvus de sens.
[2] Dam.

dels proshomes del digh castel, e que en totas guisas (211) que ni aia dels cosselhs ; e en autra manera no valgues la cort si no i aia dels cosselhs; e per aquelas messios aquel senhor del feus deu jutjar a son cort tot aquel plagh per aquestas costumas o per dregh, segon aquo que sera fagh e digh en aquel plagh.

§ 47. — Arrérages de rente. — Le tenancier en est cru sur son affirmation (212).

E si senhor del feus demanda oblias a son feuzater que l disses [1] que l degues de un an o de plus, et l feuzaters dizio que pagadas las avio, lo feuzaters ne sia creut ses tota proansa per son sagrament que n fassa per cada an que l aia pagadas aquelas oblias, o aquel an que l demandara.

§ 48 (213). — Des testaments. — Faculté de tester fixée à quatorze ans. — Point de formes solennelles. — Incapacités de recevoir les immeubles tenus à rente féodale.

Tot hom e tota femna de XIIII (214) (ans), o d'aqui en sus qui esta en lo dich castel de Larroca-Tigbaut, o en la honnor, pusca far, se l vol, testament en la presentia de proshomes, o del capela (215) si estre i pot, a bonna fe ; e aquel ordenh o testamens sia fermament tengut aissi cum lo fara, no gardada [2], si l vol, solempnitat de dregh, salp que sei effan, si n'a, no sia defraudat, ni deseretat, ni amermat de la legitima que dregh lo (r) autreja (216). Empero que del feus quo tendra d'autrui no laise res a senhor, ni a donna deldigh castel, ni a cavaler, ni a donzel, ni a gleia, ni a maio d'ordre, si n'es la volontat del senhor del qual lo tenia ; e si o fasia, que no agues valor aquela laisa (217).

§ 49. — Successions. — D'abord en ligne directe. — A défaut d'enfants, aux plus proches parents.— En cas de déshérence, au seigneur. — Formalités au cas de déshérence. — Règles spéciales pour un certain mode de tenure, SANGUT, ou CENSUT.

E si moria alcun (hom) e alcuna femna cofes (218) ses ordenhs (219) de testament que fagh no agues, totas sas causas moblas e no moblas sian soutamens et quittamens a sos enfans, si

[1] Dighs.
[2] Garda.

n'avia de son leial matrimoni, senes tot contrast que no li fasse li senhor ni a autras personas (220); e si no a esfans e n'aia fagh hordenhs ni testament, que todas las suas causas sia de sos prodas parens; e si aqui no a parens, lo cosselh prendra totas suas causas moblas e non moblas (221), et que las tenga un an; e si dins aquel an es vengut parens que l posco proar parentat, que l renda totas aquelas causas quittamens per totas horas, (e que) n sia pagada sa la molher de lui de son dot e de son aver, e sei deuts que sia pagat (222); e si dins aquel terme no es vengut parens cum ci-dessus es digh, totas sas heretats sio d'aquel que las tenia a feus, sos deutes del moble e del non moble de lui livra per livra; e si [1] aquel hom aissi mort avia senhor *sangut* (223) en lo dich castel, (sia) cavaler o donzel (aquel) de cui fos l'hom, que la terssa part de totas sas causas moblas fosso d'aquel senhor *sanguth*, e la terssa part al senhor del digh castelh, et la mitat de la tersa part al cosselh, et l'autra mitat de la tersa part a l'adobament de las gleias del meis castel.

§ 50. — Service militaire. — Chaque co-seigneur le doit à son tour au suzerain, seigneur de l'Agenais. — Les habitants doivent contribuer aux frais à raison de 12 sous 6 deniers par feu. — Exceptions au profit des chevaliers ou donzels. — Réduction dans le cas d'expédition moindre de onze jours.

E quant le maior senhor d'Agenes mandara ost en Agenes, que la us dels senhors del dich castel la fassa per si meis e per tots los senhores et per tots los habitants del digh castel e de la honnor, e lor ne porte bona garentia del meis senhor maior e de sos senescals, e de tots lo seus (224); et que cada us hom del meis castel et de la honor done XII s. VI d. a aquel senhor que la fara entra [2] totas causas senes plus per aitant quant estara en aquel ost depuse que sera partit del digh castel per annar en aquela ost entro que s'en sia tornatz; empero no sia tengut de pagar la tailla d'aquesta ost cavalers, ni donzels, ni autre hom mas aquel que tendra foc [3] et ostal per si meis en lo digh castel; et (que) quada

[1] Sio.
[2] *Sic.*
[3] Feug.

us dels predighs senhors fassa aquela ost la us appres l'autre al predigh senhor de la terra quand obs sera segon que empar la senhoria del digh castel, si cum dessus es digh divisament; empero quan seran mauguts (225) per anar en la dicha ost, si, per desmant que fo fagh, s'en tornava dedins XI dias (226), per aquela mauguda agues per sas messios dels predigh XII[1] s. VI d. (aisso) que conneissero que fos fazedor el cosselh del digh castel.

§ 51. — Des étrangers. — L'étranger venu à Larroque est franc d'HOMENAGE (227), pourvu qu'il ait fait choix d'un seigneur. — Il a huit jours pour faire ce choix. — Exemption pendant un an de toutes les charges municipales.

Tot hom estranh que venga estar en le predigh castel sia francs per tot tems de tot homenage tant cum estara aissi cum us autres homes francs naturals, si empero[2] n'aia senhor fagh espressament en lo meis castel dins VIII dias (228) que i sera venguth per estar; mas si dins aquels VIII dias a fagh senhor de cavaler, o de donzels, o d'autre home (229) del digh castel, que o pusca far dins aque (Q) VII dias e no d'aqui en avant; e al prumer an que sia (n) francs de totas messios salp gachas (230).

§ 52. — Interdiction faite aux homicides de rentrer dans la juridiction sans le consentement des seigneurs et des parents de la victime. — Asile accordé aux individus poursuivis. — Peut l'être pour un jour ou deux, mais hors les cas de meurtre, d'arrêt ou de séquestration d'un habitant du lieu, de bannissement, d'opposition de la part de la partie lésée, ou de guerre contre un des seigneurs du château (231).

Nuz hom que aia mort (hom) del digh castel no entre mais el digh castel, ni dins los dex senes la volontat e la lissentia dels senhors, e dels cavalers, e dels donzels, e dels proshomes del digh castel et dels parents[3] (de) aquel que mort aura en lo meis castel o en la honor tot senhor, e tot cavalers, o donzels, o autre home del digh castel o de la honnor pusca guidar (232) un dia o dos tot home dins lo dich castel o en la honnor, si home del meis castel mort no i avia o pres no l tenia, o si gitatz no era per jutjament o si no lo avia desfendut aquel a qui faria tort

[1] XI.
[2] No.
[3] Que.

de deute o als, e si no guerrigava ab senhor, o a cavaler, o a donzel, o autre home (233) del digh castel o de la honnor.

§ 53. — Liberté de domicile (234). — Chacun peut s'établir où bon lui semblera. — Le seigneur ne peut s'y opposer. — Facilités de vendre. — Tenure à distance des terres baillées à rente féodale. — Dispositions spéciales et exceptionnelles pour les fiefs d'HOMENAGE.

E qui voldra partir del digh castel o de la honnor per esta (r) en autre loc que o pusca far sols e segurs ab totas sas causas moblas senes tot contrast que li senhor ni autras personas no li fasso, sos deutes pagats e satisfacts (235) a sos clamans a conoguda dels cosselhs; e que li senhor lo garda per tot lor poder; e que pusca vendre, se vol, tots los feus que tendra per las costumas del digh castel; e si vendre no los volia, o no trobava a qui los vendre, que los pogues tenir d'aqui on s'en ira estar, ab que pague als senhors de qui los tendra lors oblias e lors devers, e a la cominaltat del castel lors devers que devria far segond la valor d'aquel feus; e si tenia feus d'omenatge (236) o feus don *degues*[1] *sa residentia far*, que l laisses al senhor de qui los tenia quant se l volra partir per estar foras del digh castel; empero que l pogues vendre, si volia lo senhor de qui los tendra, e no (en) autra manera no[2] l pogues retenir foras lo meis castel estant, o fora la honnor del meis castel.

§ 54. — Compétence. — Toute action concernant les seigneurs et les gens de leur maison est de la compétence du bailli et des consuls. — Mêmes formes de procédure que pour les autres habitants.

E los senhors, cavalers, o donzels, o tota donna del meis castel de Larroca-Tigbaut, e totas lors mainadas fasso dregh devant le baile e devan le cosselh del meis castel de totas causas que hom o femna del meis castel lor demande e de totas causas que ilh demandesso a lors o a alcunas personas del meis castel e de la honnor; e que n'aion e n prengo dregh cum us autres de totas actios e de deutes e de totas causas[3]; e que o ferme be aissi cum us autre al baile e al cosselh[4], salb que li

[1] Deges sa residens estatia : *inintelligible*.
[2] Ni.
[3] Voir § 8 ci-dessus.
[4] Voir § 9 ci-dessus.

predigh senhor no pusca re proar contra los homes e las femnas del meis castel e de la honnor, aissi cum dessus es digh [1].

§ 55. — Tailles municipales levées par les consuls. — Exemptions des seigneurs. — Impartialité dans la répartition.

Tugh li home del digh castel de Larroqua-Tigbaut o de la honnor son [2] tenguts [3], exeptat los cavalers e los donzels, a totas las questas (236 *bis*) cominals que sian fagh per ost, o per messios, o per autras causas segond que quada us y sera tailatz per lo cosselh; e que nus autre hom no i sia exeptat [4], ab cui que estia o ab si meis o ab autrui, si a moble o heretats en lo meis castel; empero que no donna por ost las personas que dessus so exeptadas de questa; et de totas las questas que seran tailhadas que taille e lebo los cosselhs e los bailes a bonna fe no gardat ni estimat [5] amic ni ennemic.

§ 56. — Exemptions d'impôts. — Les habitants ne doivent rien au seigneur à titre de quête, de don ou de prêt, à moins que ce ne soit de leur plein gré. — Exception pour les fiefs d'HOMENAGE (237).

E que l meis senhor del digh castel no aio ni aber no deio questa (238), ni do (239), ni prest (240) en los homes del digh castel ni de la honnor per neguda razo, si de lor grat no o vol (o) far, empero del feus questal o del feus d'omenatge fassa om aqua que far ne devra.

§ 57. — Du MALCU (241) ou crédit — Le seigneur peut l'exercer sur les objets de consommation à deux conditions : 1° de payer dans le mois; 2° de fournir un bon gage ou bonne caution. — Vente du gage après le mis en cas de retard.

Empero que li senhor et las donnas e li donzel del digh castel aio malcu en pa, en vi, (e) en causas menjadouras que hom [6]

[1] Voir § 31 ci-dessus.
[2] Debon.
[3] Tugh.
[4] Estaillat.
[5] Estalinat.
[6] No.

tenga a vendre (*ab bona fermansa que l pagues*[1]) per un mes, o ab bo peugh (242) que vailla mes la tersa part ; e al cap del mes que l solva ; e si adonx no l solvia, que aquel que auria aquel peuhs lo pusca vendre, e si mais n'avia que el n'aia dessus, que aquel qui (auria) pres[2] aquel peuhs demandes a lui en autra manera.

§ 58. — **Du gage.— Nul n'est tenu de recevoir le gage de son débiteur.— L'objet engagé est aux périls et risques du preneur jusques au terme stipulé pour le payement, et sauf le cas de force majeure.**

Hom ni femna no sia tenguth que prenga peuhs, si no l vol, al senhor ni a autre hom (243), empero es acostumat aissi de peugh ; so es assaber : que si hom pren peugh de senhor, o de cavalers, o de donzels, o d'autre home, aquel peughs estara a l'abantura[3] d'aquel que pres (a) aquel peughs entro al dia que sera enpres[4] entre lor que l deura solver (244); e si adonx no l solvia, lo peughs estaria d'aqui en la a l'avantura d'aquel que mes aquel peughs. E[5] es mays acostumat que si[6] alcus hom pert la sua causa que auria en peughs, e en aquela perda perdia[7] am de las suas causas que no sia tenguth d'aquela causa ni (re) en dara aquel que l'a mesa[8] en peughs (245), empero que jure sobre sans Evangelis que de las suas causas i a perdudas quand perdet aquela causa e no (o) digh per engen, ni per bauzia ; e si en aissi no o jurava, enmenda la causa perduda (a) aquel que l'a mes en peugh, si (a) (que) la avia perduda ab de la sua causa dedins le terme que degra estre souta, o apres.

§ 59. — De l'adultère. — Les coupables courront la ville attachés l'un à l'autre, et payeront une amende de 20 sous.

(Tot home) que sera prens en adulteri ab femna mariduda,

[1] Ces mots, omis dans le texte, ont été pris dans la coutume de Prayssas. Ils sont indispensables pour compléter le sens.

[2] Mes. Ce mot va directement contre le sens de la phrase.

[3] L'avantura.

[4] Ou expres. Le mot est difficile à lire dans le manuscrit.

[5] Als.

[6] Sio.

[7] Per qui a cum.

[8] Metra.

o femna mariduda ab home que corro [1] ambeduy le digh castel, si empero es proat que aia fagh adulteri (246); e la femna ane prumera e tire home per la colha (247) ab una corda, e que la crida ane prumers disen que aital fara aital penedera [2]; e quada us d'aques adulteris donne XX sols de gatges, e sio las duas [3] parts al senhor e la tersa part al cosselh.

§ 60. — L'exécution des peines est confiée au bailli.

E l baile fassa e fassa far totas las justitias (248) que obs auran estre fachas en lo predich castel e en la honnor.

§ 61. — Coups et blessures. — Avec instruments tranchants ou contondants, 65 sous d'amende.— Sans armes, 10 sous.— Nécessité de plainte, sauf le cas d'homicide. — Dommages-intérêts.

E qui plagara home o femna hiradamens ab ferrament, o ab peira, o ab teule, o ab fust (249) que l coste LXV sols que sio al senhor, si clamor n'es facha al baile (250), e la dressa que fassa al plagat; e si no s'en clamava, li senhor n'i aurio re, si d'aquela plaga no moria; e si l plagaba ab autra causa, e s'en clamava, que l costes X sols de justitia que fosso al senhor, e la dressa que sia facha totas horas al plagat [4] a conoguda del baile e del cosselh.

§ 62. — Coups et blessures (suite). — Mutilation de membres, 10 livres d'amende.

Qui traira olh, o tolra membre, o pijigera membre (251) hiradament que l coste X livras de justitia, las quallas livras sio al senhor, e que n fassa enmenda al nafrat a conoguda del baile e del cosselh. Empero si no s'en clamava al baile, lo senhor no i auria ja re, si mort no i avia.

§ 63. — Du vol. — DE NUIT, légumes et jardinages, valeur de 6 deniers, 65 sous d'amende. — Au-dessous, 10 sous. — De 12 deniers et au-dessus, 65 sous et la marque. — DE JOUR, de 12 deniers à 5 sous, promenade

[1] Cora en bedoy.
[2] Prendra.
[3] Dias.
[4] Plagh.

par la ville en portant l'objet volé et 10 sous d'amende. — Au-dessous, 5 sous d'amende. — De 5 à 20 sous, promenade et 65 sous d'amende. — De 20 à 40 sous, la marque et 65 sous. — Au-dessus de 40 sous, la potence et la confiscation. — L'amende, pour les insolvables, est remplacée par le pilori et le bannissement. — Restitutions et réparations.

Qui panara de nugh causa valens VI diners, o ealx [1], o porro [2], o onios, o fracha, que l coste LXV de justitia e que sia al senhor (252);

E de la valor de XI diners en jos d'autras causas, que l coste X sols de justitia;

Qui panera de nugh autras causas de XII diners o d'aqui en sus, que l coste LXV sols de justitia que sio al senhor, e que sia (253) seignat a laprumera vetz [3], si la causa panada valia XII diners, o d'aqui en sus, mas si valhia meuhs que fa no sia senhat a la prumera vetz;

E qui panara de dia causa valens XII diners, o d'aqui en sus entre [4] a la valor de V sols, corre ab lo panadis al col, et que l coste X sols que sio las doas [5] partz al senhor et la tersa part al cosselh;

E de la valor de XII diners en jos que l coste V sols e que no corre le castel;

E qui panara de dias causas valen V sols et d'aqui en sus, que l coste LXV sols don sio las doas parts al senhor et la tersa part als cosselhs e corre lo castel ab [6] lo panadis al col;

E si la causa panada valhia XX sols o d'aqui en sus, que fos senhat a la prumera vetz;

E (aquel) que no poiria paguar aquestas tareatios que sia mes en l'espilori (254) tot un dia, e *puis tant* [7] bandits e gitats del castel cum se volran lo baile e l cosselhs;

E qui sera senhatz e qui sera proats que fasse autre laghs panadis que monte de XL sols en sus, que sia pendut e de las suas

[1] Eaux.
[2] Pors.
[3] Fois.
[4] Entre.
[5] Dios.
[6] En.
[7] *Sic.*

causas que sio faghs aco que dessus es digh aqui hom parla dels homicides[1].

E totas horas que hom panara de nugh o de dias enmende la causa panada a aquel de qui sera estada e mais que l renda aitant del seu (255).

§ 64. — **Destructions et dommages. — L'incendie, les détériorations des récoltes et des denrées, les mutilations d'animaux sont punis de peines corporelles arbitraires, confiscations et réparations (256). — Nécessité de la plainte. — Responsabilité de la communauté et des paroisses voisines.**

Qui talhara l'autrui vinha, o metra foc[2] en l'autrui maio o en fe o en blat son essiens, o versara o afolara l'autrui vi de tonna o de tonnel o de pipa, o ausira o engarera l'autrui beu o baca son essient, o qui ausiria o engarera l'autrui caval o equa[3] o rossi o muli o mula o ase o sauma hiradamens son essiens, o foras l'aia malafacha aquel que l'aura presa, que l renda del seu aitant, e totas las causas de lui sian encorsas, e del cors de lui que sia facha justitia a la voluntat del senhor del digh castel, si empero d'aquestas causas lo baile a agut clam, e si l cosselh n'a aguda rancura en denuntiant; e si no podia estre sagut que fe aquela malafacha per proansas o per enquisitio que fassa lo baile e lo cosselh, lo cominal del digh castel e de la honnor enmandesso a bona fe aquela malafacha a la conoguda del cosselh (a) aquelh que l'aura presa, empero, que si podia[4], que appellesso la ajuda de las vicinals perroquias segond los establiments de la pats (257).

§ 65. — **Des informations criminelles. — Bailli et consuls informent en commun sur dénonciation. — D'office, pour homicide et pour vol.**

Si la malafacha era granda, li baille e l cosselh pusca far essems (258) enquisitio sobre las predicas malafachas, e sobre panars, e sobre forsamens de femna, si d'aisso es fagh rancura al cosselh; e se n'es rancura e se n'es denuntiat, pusca far enquisitio los bailes e ls cosselhs sobre doas[5] causas, so es assa-

[1] Le chapitre auquel il est fait allusion n'existe pas. Peut-être a-t-il été omis par le copiste?

[2] Fios.

[3] Ega.

[4] Pondia.

[5] Dios.

ber, de mort d'home o de femna, o de furt (com) mes dins lo castel e dins los baris (259).

§ 66. — Des violations de domicile.— Celui qui s'introduit dans la maison d'autrui doit être arrêté et livré au bailli. — Amende de 65 sous. — En cas de résistance ou de fuite, il peut être tué.

E qui crevara (260) en l'autrui[1] maio de nugh, que l senhor de l'ostal, o aquels qui y viendro, lo prenesso[2] et l rendesso al baille, et que l costes LXV de justitia que sio al senhor; e si l no podio prendre o lor escapava e l'aucisio o l plagabo dins aquella maio o dins los appartements d'aquella maio, que no fe hom tengut al senhor ni als parents; e si re i panaria que i fos fach cum de lairo segond lo panadis.

§ 67. — Des attentats aux mœurs. — Le coupable de ce crime sur une femme mariée doit être puni de la castration et d'une amende. — Sur une fille non mariée, il doit l'épouser ou la doter. — Faute de pouvoir la doter par insuffisance de fortune, il doit subir la castration et l'amende.

E qui pelegara (261) femna maridada, que perda los colx e que li senhor n'aia LXV sols de justitia; et si la peleges e no a marit, *mel moser*[3] que la prenga per molher e no donne justitia, si la pren, si empero (es) ta(ls) persona que alles se convenga e ella lo vol per marit; e si prendre no la volhia e si es estals persona que alles nos convenga, que l(i) baille marit[4] a conoguda del baille e del cosselh; e si no a de que l(i) pusca donar marit, que fassa l'amenda que l poira a conoguda del baille e del cosselh, et perda[5] los colxs, e donne LXV sols de justitia al senhor, sos deutes pagats, se empero clamor n'es facha al baile, o rancurat, o denuntiament (fagh) als[6] cosselhs; car si no era, li senhor no i auro la justitia.

[1] L'autre.

[2] Precesse.

[3] Ces mots sont inintelligibles et résultent évidemment d'une mauvaise lecture. Le sens de la phrase me paraît indiquer la correction suivante : *ni es piocella*, ET ELLE EST VIERGE ; mais cette correction est tellement hypothétique, que je n'ai pas osé l'introduire dans le texte. Je m'appuie cependant sur une coutume analogue, *Fumel. art.* 40, *inédit*.

[4] O.

[5] Perga.

[6] As.

NOTES.

(197) § 41. La stipulation du surcens produisait ce singulier résultat, que le même fonds pouvait servir de base à trois droits différents, savoir : 1° celui du sous-tenancier cultivant et exploitant directement à la condition de payer le cens et le surcens ; 2° celui du tenancier, converti en une rente, dite rente *seconde* ou *foncière* ; 3° celui du bailleur primitif ou seigneur, consistant en une rente dite *première*, ou *seigneuriale*, ou *censière*. Ces droits, une fois constitués, ne devaient jamais se confondre, et il en existait encore aux dix-septième et dix-huitième siècles un très-grand nombre dont l'origine remontait aux temps les plus reculés. Les propriétaires de *rentes foncières* ou surcens, faisaient tous leurs efforts pour les transformer en *rentes seigneuriales*; de leur côté, les propriétaires des *rentes seigneuriales* résistaient vivement à ces prétentions : c'est ce qu'on appelait des *combats de fiefs*. Voir Boutaric, *Droits seign.*, p. 30.

(198) L'*octroi* était l'acte par lequel le seigneur direct de la terre agréait la substitution d'un tenancier nouveau au tenancier ancien. Cette substitution ne pouvait s'opérer sans son consentement, pas plus dans la stipulation de surcens que dans les ventes ordinaires : *on ne pot vendre ne donner de novel sorcens... sans le seigneur du lieu.* Beaum., chap. XXIV, art. 20, t. I, p. 350. — Octroyer, c'était approuver, confirmer, louer. *Laus* ou *lods* et *octroi* étaient exactement la même chose. Voir Ducange, vis AUCTORARE, AUCTORISARE, OTRIARE, OTRISIÆ.

(199) Accapter, c'était être soumis au payement régulier des droits de mutation. Voir ci-dessus, note (186), § 36.

(200) § 42. Le *vestissement*, en vieux langage le *vest*, était l'acte par lequel le donateur ou le vendeur saisissait le donataire ou l'acheteur de la propriété cédée. Cet acte consistait dans la remise d'un petit bâton passant des mains du propriétaire qui se dépossède aux mains du propriétaire nouveau. En certains pays on usait d'un habit successivement dépouillé et revêtu. Voir Ducange, vis VESTIRE, DISVESTIRE.

(201) J'ai maintenu ce passage tel qu'il est sans y rien modifier, quoiqu'il me paraisse à peu près inexplicable. Quel danger, en effet, pouvait courir le seigneur dans le cas où le donateur aurait omis volontairement ou involontairement de déterminer sa part de charges sur un immeuble resté indivis entre son donataire et lui. Il faut bien cependant que cette omission pût cacher quelque fraude, puisqu'elle était punie de la confiscation. Malgré mes recherches, je n'ai pu trouver aucun éclaircissement dans les documents contemporains, ni même chez des jurisconsultes plus récents. Il y a là, suivant toute apparence, quelque secret de chicane dont la tradition s'est perdue.

(202) Ces mots d'*aissi en avant*, en langage actuel *dorénavant*, semblent indiquer qu'on avait beaucoup à se plaindre de l'abus, quel qu'il fût, signalé dans la note précédente, et qu'on entendait y remédier pour l'avenir. C'est

ainsi qu'on avait procédé pour les surcens, en maintenant les anciens *sa en reire*, et en prescrivant de nouvelles règles pour les nouvelles stipulations à faire. Voir ci-dessus, §§ 39 et 40.

(203) § 43. Même disposition à Agen, chap. XXXVIII; à Auch, art. 50; Bordeaux, § 176, p. 105. — C'était par cette rigueur dans l'exécution que les rentes seigneuriales se distinguaient plus particulièrement des autres rentes et notamment des surcens. Le moindre retard en cette matière était considéré comme un délit. Beaumanoir le range au nombre des méfaits : *Li secons cas dont li accusés se passe par son serment, si est quant aucuns sires accuse son tenant qu'il ne li a pas payé son chens a jour*, chap. XXX, art. 70; t. I, p. 435. — Le jour fixé était, en général, le même pour tous les tenanciers d'un même seigneur, et déterminé par l'usage. On le spécifiait quelquefois dans les baux à fiefs. C'était presque toujours une des grandes fêtes de l'année, telles que la Toussaint, Noël, la Saint-Jean, etc.

(204) § 44. Cette disposition est contraire à celle des coutumes d'Agen, où il est dit formellement, chap. XXXVIII : *mas en acaptes no a gatges*. C'est une contrariété assez rare entre les deux textes. Les seigneurs de Larroque avaient tenu à conserver toute la rigueur de leur droit, dont les habitants d'Agen avaient obtenu l'exemption. D'après Beaumanoir, l'amende pour retard du payement du droit de mutation était l'amende simple, c'est-à-dire 5 sous. Elle était de 60 sous quand l'amende avait été dissimulée, chap. LII, art. 25; t. II, p. 299. — Les *Établissements de saint Louis* ne donnent que sept jours et sept nuits pour le payement des droits de vente, et prononce contre le défaillant *le gage de la loy*, ou l'amende simple, liv. I, chap. LXX et XCII.

(205) § 45. Cette caution *pour le fief* était celle que le seigneur censier avait le droit d'exiger de son tenancier à titre de sûreté pour le payement de la rente et de ses autres droits. Cette caution ne pouvait être exigée qu'après réquisition préalable, *lo feuzater prumerament en queregut*. Cout. d'Agen, chap. XLI. — Le droit d'exiger cette caution était regardé sans doute comme une prétention bien exorbitante, puisque, d'après les coutumes d'Agen, le seigneur censier ne pouvait pas l'exiger en vertu de sa propre juridiction et qu'il devait la réclamer devant le seigneur principal, ou juge supérieur du fief.

(206) Ce mot *rancura*, en latin *rancor*, et dont nous avons fait *rancure*, était la plainte portée en matière criminelle. La *rancure* correspondait à ce que nous appelons aujourd'hui l'action civile. Voir Ducange, vis RANCOR, RANCORARE, RANCURA.

(207) La caution par la main, et la caution sur le fief étaient des modes de cautionnement entièrement différents : c'est ce qui résulte de ce passage des coutumes d'Agen, chap. XXXVIII, *deu lo fermar per fermansa parlant, si pot, e si no pet, deu lo fermar per sa ma*, o *sobre l feus que te de lui*. Ce texte indique formellement trois espèces de caution, la *caution parlante*, la *caution par la main* et la *caution sur le fief*. En l'absence de documents plus complets, il est impossible de préciser les nuances qui les séparaient.

(208) Qu'est-ce que cette caution *sur soi-même?* Il n'en est question

nulle part. Ne vaudrait-il pas mieux lire comme dans la phrase précédente et comme dans les coutumes d'Agen : *per sa ma ?*

(209) § 46. A Agen, on distinguait entre le cas où le seigneur censier avait gain de cause et celui où il perdait son procès. Dans le premier cas, on lui adjugeait les dépens : *lo senhor aura son plagh atenhs, e sas messios rasonablas que auria faghs per aquel plaghs* ; dans le second cas, au contraire, le seigneur n'était pas tenu des dépens : *e si l feuzater vencia lo senher del feus, lo senhor no l'es tenguts de far neguna messio que l feuzaters agues facha per aquel plaghs.* Cout. d'Agen, chap. XLI. — La coutume de Larroque était plus libérale.

(210) Cf. Agen, chap. XLV : *en plagh que sia devant lo senhor de feus... l'autra part* (la partie vaincue) *li es tenguda* (à la partie adverse) *pagar las despensas taxadas e juradas per l'ofici del jutge.*

(211) *Que dans tous les cas.* La présence des consuls et des notables était une garantie précieuse contre l'arbitraire Leur convocation pouvait entraîner des frais, et ce sont ces frais que le seigneur était autorisé à prélever, moyennant quoi il était tenu de faire juger *à son cort*, c'est-à-dire sans pouvoir rien réclamer au delà de ce qui avait été taxé. Cette présence des consuls et des notables était exigée dans toutes les villes municipales, et entrait dans la composition régulière de la cour, non-seulement du juge censier, mais encore du juge supérieur ou bailli. Les citations sur ce point pourraient se multiplier à l'infini. Voir ci-dessus, pour la taxe, § 26.

(212) § 47. Cf. Agen, chap. XLI. Ce principe, si favorable au tenancier, ne se maintint pas dans la pratique, et, dans les derniers temps de la jurisprudence féodale, on ne discutait plus d'autre question que celle de savoir combien il fallait de quittances pour tenir lieu de la preuve du payement des annuités arréragées. Voir Boutaric, *Droits seign.*, chap. II, § 4. p. 76.

(213) § 48. Le droit de tester était refusé aux serfs, sauf pour une somme insignifiante de 5 sous : *li sers ne pot lessier en son testament plus grant somme que cinq sous.* Beaum., chap. XII, art. 3 ; t. I, p. 180.— C'était donc un privilége réservé aux roturiers libres : *hom de pocsté, qui n'est pas sers, pot, par nostre coustume, laissier en testament.* Beaum., *ibid.*— Ce privilége est stipulé dans toutes les chartes de coutumes, à peu près sans exception.

(214) L'âge requis pour tester était, en droit romain, de quatorze ans pour les hommes et douze ans pour les femmes : *in masculis quartum decimum annum spectandum, in fœminis vero duodecimum completum.* Dig., liv. XXVIII, tit. I, loi 5. — Cette règle était suivie à Agen : *hom pot far testament e orde quant aia XIV ans d'état, et femna a XII ans.* Cout. d'Agen, chap. LXIX, *in fine.* — A Larroque, le même âge, quatorze ans, était prescrit pour les femmes et pour les hommes, mais c'est probablement une erreur de copie. Il n'est pas probable qu'une coutume aussi restreinte ait pu déroger au droit commun du pays sur un point aussi important.

(215) Le *chapelain* ou le prêtre tenait lieu de notaire dans beaucoup d'actes et particulièrement dans les testaments. Cet état de choses remontait à une époque où le clergé possédait seul l'instruction suffisante pour servir d'interprète aux volontés des mourants. Son intervention avait na-

turellement amené une modification profonde aux lois romaines en ce qui concernait les testaments, notamment en ce qui concernait les testaments dits *nuncupatifs*. Les sept témoins exigés par la loi romaine, *Instit.*, liv. II, tit. X, § 14, furent remplacés par le prêtre, dont le témoignage fut réputé aussi digne de foi que celui de ces sept témoins. Cette dérogation une fois admise, on dut se demander si deux ou plusieurs notables ne pourraient pas remplacer le prêtre, et les coutumes se prononcèrent pour l'affirmative. Ce ne fut cependant pas sans difficulté, et Beaumanoir nous apprend que de son temps les partisans du droit romain cherchaient à faire revivre sur ce point la loi romaine : *et cha en arrierre ne vausist pas li testamens qui ne fust écris, s'il ne fust tesmougniés par cinq personnes* (il veut dire sept), *si comme nos avons entendu des signeurs* (enseigneurs) *de lois*. Beaum., chap. XII, art. 40 ; t. I, p. 197. — Mais ces principes ne prévalurent pas, et le même jurisconsulte nous apprend que deux témoins dignes de foi suffisaient pour faire preuve d'un testament verbal : *testament qui est fes sans écris pot bien valoir quand il est tesmougniés par le serment de deux loiax tesmoins*, ibid. — Cette pratique s'est continuée jusques à nos jours, sauf que l'ordonnance de Moulins ayant prescrit la preuve testimoniale au-dessus de 100 francs, on dut recourir à un notaire en présence de deux témoins. Les ordonnances de Blois, art. 63 ; d'Orléans, art. 27, et l'ordonnance de 1735, art. 25, permirent de remplacer ces notaires par les vicaires et curés. Néanmoins, dans les pays de droit écrit, on tenait toujours pour sept témoins, en comptant le notaire ou le curé pour un témoin. Le Code Napoléon a tranché définitivement la question, en maintenant la nécessité de l'écriture, et en exigeant la présence de deux notaires et deux témoins, ou d'un notaire et quatre témoins. Code Nap., art. 971.

(216) *Testamenta facta ab habitatoribus in præsentiâ testium fide dignorum valeant, licet non sint facta secundùm solempnitatem legum,* DUM TAMEN LIBERI NON FRAUDENTUR SUA LEGITIMA PORCIONE, *convocato ad hoc capellano loci, vel ecclesiasticâ personâ, si commode possit vocari*. Cout. Castelam., art. 2, inédit. — Article commun à un très-grand nombre de chartes de coutumes.

(217) Cf. Agen, chap. XXI. Beaumanoir veut que le seigneur impose aux établissements religieux l'obligation de vendre l'immeuble dans l'année : *s'il est laissié as gens de saint Eglise, li sires lor pot commander qu'ils le mettent hors de leur main dedens an et jour*. Beaum., chap. XII, art. 21 ; t. I, p. 189. — Les motifs de cette prohibition sont les mêmes que ceux qui ont été exposés au paragraphe 34 ci-dessus, *Notes*.— *Laissa*, de *legatum*, *leygs*, *leiss*, *laiss* ou *laissa* ; actuellement *legs*. Cette forme de *laissa* se retrouve dans les mots *laisser*, *délaisser*.

(218) § 49. *Cofes*, en latin *confessus*, est littéralement celui qui meurt après avoir reçu les sacrements de l'Eglise ; mais ce mot avait reçu une plus grande extension par suite de l'usage qui consistait à solliciter des mourants, dans ce moment suprême, un legs pieux, ce qu'on appelait une *aumône*. Celui qui s'y refusait, et il devait s'en rencontrer, ne fût-ce que parmi les hérétiques, était déclaré *déconfés*. Ainsi *confes*, c'était celui qui avait fait ses dispositions pieuses, ses legs *au profit de son arme*, comme

on disait alors. La loi civile protégeait cet usage, et adjugeait au seigneur les meubles de celui qui mourait sans s'être mis en règle de ce côté : *se aucuns hom ou aucune fame avat geu malade, et il ne se volust confesser, et il morust desconfés, tuit li muebles seroient au baron.* Establ. de saint Louis, liv. I, chap. LXXXIX. — On se départissait cependant de la rigueur de cette règle au profit des héritiers de celui qui était mort de mort subite. Voir Ducange, vis CONFESSUS, INTESTATUS. — Il pouvait arriver que le défunt, après avoir fait ses legs pieux, ne crût pas devoir disposer de l'ensemble de ses biens, et c'est ce cas que notre article paraît avoir eu en vue.

(219) Du mot latin *ordo*, ordre, disposition. Au temps de Ferrière, on se servait encore du mot *ordonnance* pour exprimer une disposition de dernière volonté. Ferr., *Dict. de prat.*, v° ORDONNANCE.

(220) On voit, par ce passage, que le droit de succession directe, qui était cependant de droit commun pour les hommes *non serfs*, n'était pas encore tellement accepté à Larroque, que, même dans le cas où le défunt avait rempli tous ses devoirs religieux, les héritiers fussent à l'abri de toute contestation. Cet article a donc pour but de proclamer le droit de transmission plutôt que d'en régler l'exercice. Il en est tout autrement du droit de déshérence, qui est traité avec les plus amples détails.

(221) Cf. Agen, chap. XLIII. Toutes les chartes de coutumes sont à peu près d'accord pour accorder aux consuls des villes le droit de s'emparer provisoirement de toutes les successions en déshérence, mais elles exigent pour la plupart un inventaire régulier : *Consules bona defuncti*, DESCRIPTA TAMEN, *commendabunt*. Castelam., art. 62, inédit. — Cet inventaire exigé dans toutes les chartes rédigées en latin, est omis dans presque toutes celles qui sont rédigées en roman.

(222) Ce principe était de droit en vertu de l'axiome *Non est successio nisi deducto œre alieno* ; mais il était rappelé ici pour autoriser les dépositaires provisoires à payer la veuve et les créanciers en l'absence de tout héritier apparent.

(223) Probablement *censut*, *censualis*, *censuarius*. Ducange, v° CENSUS.— Ce seigneur *sangut* ou *censut* était probablement celui dont le tenancier tenait à titre d'*homenatge*, et dont il sera question plus bas, §§ 51 et 53.— Il semble résulter de là que, malgré les libertés accordées aux habitants de Larroque-Timbaut, les traces du servage n'étaient pas complétement abolies, et que quelques-uns d'entre eux continuaient à être *les hommes* de certains seigneurs. On ne trouve rien d'analogue ni dans les chartes contemporaines, ni dans les jurisconsultes de cette époque, du moins mes recherches ont été vaines à cet égard. Ducange distingue deux sortes de *censum*, le *censum ingenuile* ou libre, et le *censum servile*, tenant plus ou moins du servage, *ibid.*

(224) L'*ost*, en latin, *hostés*, était l'armée convoquée par le roi, le comte ou tout autre suzerain, pour la défensé du royaume ou du comté. Les *Établissements de saint Louis*, liv. I, chap. LXI, ne parlent que de *l'ost-le-roy* ; Beaumanoir met sur la même ligne *l'ost-le-roi* et *l'ost-le-comte. S'ils sont sémons por l'ost-le-comte ou por l'ost-le-roi.* Beaum., chap. II, art. 10 ; t. I, p. 50.— La terre d'Agenais, ayant été un ancien comté, avait, tout en

perdant ce titre par suite d'un non-usage de plusieurs siècles, conservé la qualité de terre suzeraine. Ses seigneurs, qui étaient, suivant le hasard des successions féodales, ou suivant les chances de la guerre, tantôt le comte de Toulouse, tantôt le roi d'Angleterre et tantôt le roi de France, avaient gardé le droit d'*ost*, et pouvaient convoquer à cet *ost* tous les seigneurs du pays. Ces seigneurs sont ceux que cet article désigne sous le titre de *maior senhor d'Agenes*. Les coutumes d'Agen les qualifient de *senhor lo prime*, chap. XI, rubrique.—La qualification de *senhor maior* était la plus en usage. Voir *Cout. de Prayssas, pet. cout.*, art. 6.—Le service de l'*ost* était tout à la fois une prestation réelle, en ce sens qu'elle était due par le fief vassal et constituait une des charges de ce fief, et une charge personnelle, en ce sens qu'elle était fournie par le propriétaire du fief en personne. Tant qu'il n'y avait qu'un seul propriétaire ou seigneur, et que ce propriétaire était en état de porter les armes, l'obligation, quel que fût son caractère légal, était facile à remplir ; mais quand le fief était une propriété collective, il y avait plus de difficulté. A qui devait incomber cette charge? L'usage avait introduit une foule de solutions différentes. A Larroque on l'avait répartie un peu sur tout le monde. Chaque seigneur devait y faire le service à son tour, et les habitants faisaient les frais. En somme, les habitants n'avaient pas à se plaindre; ils s'en tiraient à bien meilleur marché que ceux d'Agen, obligés d'envoyer un homme par maison : *e la ost deu estre aitals que l senhor de l'ostal deu anar en ost o i deu trametre per si.* Cout. d'Agen, chap. II. — La convocation de l'*ost* se faisait au moyen d'une proclamation générale ou *mandement* répandu dans tout le pays : *deu mandar e far cridar la ost generalment per tot l'Agenes*. Cout. d'Agen, ibid. — *Ordonna le roi au comte de Lille une grande chevauchée. Il obéit, et* FIT SON MANDEMENT *à Toulouse.* Froissard, t. I, part. I, chap. CVI.— Cet usage existait encore au temps de Charles le Téméraire : *il fit crier que chacun mit sus... et envoya ses serviteurs pour mettre sus les gens de son pays.* Mém. de Comines, liv. III, chap. I. — Quant à la garantie dont il est question dans cet article, il faut savoir que l'inexécution du service entraînait une amende à la charge du fief tout entier. Les co-seigneurs et les habitants, après avoir accompli leurs propres obligations, devaient naturellement demander à être rassurés contre toute éventualité à cet égard : *e se les gens le roy tuevent les hons coustumiers par les chasteleries qui fussent remés, si en porroit bien lever sus chacun l X sols d'amende, et li bers ne les porroit garantir*. Establ., liv. I, chap. LXI.

(225) *Motus*, de *movere*, quand il se sera *mis en mouvement*.

(226) La durée normale de l'*ost* était de quarante jours : *li ciutada e li borzes d'Agen devo far ost de XL dias.* Cout. d'Agen, chap. II.— *Et li hons coustumiers ne doivent estre en l'ost le roy que quarante jours et quarante nuits.* Establ., liv. I, chap. LXI. — Cette durée cependant pouvait être abrégée par un *desmand* ou *contremand*, c'est-à-dire par un ordre contraire à celui de la convocation. Voir Ducange, vis DESMANDATUM, CONTRAMANDATUM.

(227) § 51. L'*homenatge* ou hommage, *hominium, hominagium, homenagium*, était, pris dans son sens le plus étendu, le lien de dépendance per-

sonnelle créé par le régime féodal entre le seigneur et son vassal; ce mot s'appliquait également au vassal noble et au serf, parce qu'ils étaient l'un et l'autre les *hommes* du seigneur. *Hominum est servitium quod homo, seu cliens, vel servus domino suo præstare tenetur*, Ducange, v° HOMINIUM. — Les chartes de coutumes ont rarement à s'occuper de l'hommage noble, mais il y est fréquemment question de l'hommage servile qu'elles repoussent avec énergie. On trouvera plus bas, § 53, des *fiefs d'homenatge*, ou terres auxquelles était attaché le caractère de la servilité personnelle du tenancier. La distinction entre l'hommage noble et l'hommage servile, ressort clairement de ce passage extrait par Ducange d'un registre des comtes d'Angoulême, sous la date de l'année 1315 : *et aura en la ville le quart des hommages des chevaliers, et le ters des hommages des servants*. Duc., ibid. — Toutes les villes cherchaient à s'agrandir en stipulant dans leurs coutumes que ceux qui viendraient habiter dans leur sein seraient libres de tout servage. C'était une porte sans cesse ouverte aux émigrations de serfs, émigrations que les seigneurs ne trouvaient moyen d'arrêter qu'en conférant eux-mêmes à leurs serfs les libertés civiles que ceux-ci allaient chercher ailleurs. La ville d'Agen avait donné dans le pays l'exemple de cet appel aux serfs mécontents ou avides de libertés, en les prenant sous sa protection spéciale : *e quant tal avenediss* (aubain, étranger) *sera venguts à Agen, lo senhor del los dont aquel avenedis sera venguts, ni autre, no l deu prendre, ni far mal, ni a las causas, e si o faria lo cosselh e la universitat devo lo emparar*. Cout. d'Agen, chap. XXXIII.

(228) Les coutumes d'Agen donnaient un an et un mois pour faire choix d'un seigneur. Ce choix s'opérait au moyen de l'achat d'une maison, d'un champ, ou de tout autre immeuble soumis à rente féodale : *que dins un an e l mes comprara maio, o terra, o vinho*. Cout. d'Agen, ibid.

(229) Ajoutez à ce mot *home* les mots *de paratge*, comme au paragraphe 34 ci-dessus. Les nobles seuls ou *gens de parage* avaient droit de posséder des terres baillées à rente féodale.

(230) La *gacha* ou *guacha*, en français *guet*, était la garde de la ville, des murailles et des tours. Par extension, on appelait *gacha* l'impôt prélevé sur les habitants pour les frais de cette garde. Voir Ducange, vis GACHA et GUACHA. — A Agen, le nouveau venu était exempt de toute charge, même de la garde : *deu estre francs et quitis de garda et de tota messio de vila*. Cout. d'Agen, ibid.

(231) § 52. Cet article rappelle une de ces plaies du moyen âge qui ont longtemps arrêté le cours de la civilisation, qui a fait jusqu'à ces dernières années le malheur de la Corse, et qui en ce moment même déshonore en Italie une cause politique honorable par elle-même ; en un mot, ce qu'on appelle le banditisme. Quand un homme avait été tué soit par vengeance, soit autrement, il prenait la fuite et devenait un danger permanent pour la sécurité publique. La coutume de Larroque défendait sa rentrée sans l'autorisation de l'autorité et le consentement des parents de la victime. Le motif de cette prohibition est facile à comprendre. Son retour, alors même qu'il n'aurait fait que se défendre, ne pouvait qu'entretenir les haines et nourrir cette *vendetta*, qui forme un des traits distinctifs du

moyen âge, et que la Corse seule avait conservée au milieu du renouvellement général des mœurs. Mais quelle était la situation de ces hommes, et était-il permis de leur donner asile? Sur ce point, presque toutes les coutumes gardent un silence prudent, mais elles le défendaient formellement dans les cas suivants : 1° lorsque le meurtrier avait tué un homme du lieu et se trouvait par conséquent dans l'impossibilité légale d'y rentrer; 2° lorsqu'il retenait en prison un homme du lieu : il paraît que les bandits de cette époque procédaient comme ceux d'aujourd'hui, et s'emparaient de ceux qu'ils voulaient rançonner, en les gardant jusqu'à rançon; 3° lorsqu'il y avait eu bannissement formellement prononcé : *si for bandits ne era* (Cout. d'Agen, chap. LVII, et autres); 4° lorsqu'il y avait défense formelle de la part d'un créancier ou toute autre personne intéressée : *per boca de lui o per crida de la vila*. Sér., art. 71. — La coutume ajoute un cinquième cas d'exception, c'est l'état de guerre contre un des seigneurs du lieu. Les guerres privées étaient alors de droit commun, et les vassaux qui devaient assistance à leur seigneur, ne pouvaient sans crime donner asile à ceux qui s'armaient contre lui.

(232) Conduire, recevoir, secourir. Voir Ducange, v^is^ CONDUCERE et GUIDARE.

(233) Il faut ajouter, comme au paragraphe précédent, note (229), au mot *home* les mots *de paratge*. Le droit de guerre n'appartenait qu'aux gentilshommes, *guerre ne pot queir* (choir) *entre gens de poesté ne entre bourgois*. Beaum., chap. LXXXIX, art. 5; t. II, p. 355.

(234) § 53. Cette liberté était le complément de la liberté civile. C'est une de celles à laquelle le régime féodal a le plus longtemps résisté à cause de ses conséquences. Il pouvait en résulter, en effet, un abandon complet de toutes les terres, ce qui aurait entraîné la ruine du fief et celle du seigneur. A Prayssas, le changement de domicile ne pouvait s'opérer que dans l'étendue même du fief, *en qualque partida, se volha, del castel,* art. 5. — Le servage était plus particulièrement caractérisé par sa prohibition de s'éloigner; cette prohibition existait encore dans toute la force au treizième siècle, et son abolition n'était pas un des moindres bienfaits du régime des villes privilégiées.

(235) En accordant la liberté de translation, la coutume prend les intérêts des habitants. Ainsi, le partant ne peut se soustraire à ses créanciers, ni à ses autres obligations; il ne peut ni emporter subrepticement ses meubles, ni se dérober aux poursuites dont il peut être l'objet. Ce principe manque à notre législation actuelle, et les inconvénients qui en résultent en font trop souvent regretter l'absence. Les coutumes d'Agen imposent à ceux qui sont venus s'établir dans cette ville l'obligation de remplir tous leurs devoirs envers le seigneur qu'ils ont quitté. Cout. d'Agen, chap. XXXIII.

(236) Il a été question ci-dessus, § 52, note (227), de ces terres ou fiefs d'*homenatge*. On voit par les coutumes de Bordeaux, art. 191, que la tenure de ces terres ressemblait par bien des points à la tenure des terres en censive; mais elles en différaient par quelques côtés, et notamment par celui-ci : à la mort du tenancier, le seigneur pouvait s'emparer des meu-

bles et en faire cadeau à son gré. Les coutumes d'Agen, après avoir autorisé les étrangers à retenir les terres baillées à cens, refusent toute protection à ceux qui enlèvent quelque chose de leurs anciens fiefs tenus à *hommaiga, prendent, o portant, o raubant de las causas d'aquel feus d'omenatge* (Cout. d'Agen, chap. XXXIII), d'où il faut conclure, ce semble, que l'*homenatge* était une terre garnie d'objets mobiliers attachés à perpétuelle demeure, d'outils et instruments aratoires, par exemple. Les coutumes de Lamontjoie confondent le fonds tenu à *homenatge* avec le fief *questal* ou servile : *tenens fundum questale propter quod homagium sive quæsta debeatur.* Cout. Lamont., art. 2, *Rev. hist. du dr. franç.*, septembre 1860. — Une des obligations principales était la résidence personnelle du tenancier.

(236 *bis*) § 55. QUESTA, *tributum quod exigitur, quæritur*, Ducange, v° QUAESTA : *taille qu'on apelle queste.* Cout. du Bourbonnais, art. 343.—La *queste* était donc un impôt levé pour les besoins de la ville. Beaumanoir l'appelle la *taille*, et ce mot plus connu rend mieux l'idée qu'il y attache. Le droit de lever ces tailles était général et absolu, et il ne paraît même pas que les seigneurs aient fait le moindre effort pour s'y opposer, ni même pour le réglementer. De nos jours, c'est la partie des attributions municipales que l'autorité centrale surveille avec le soin le plus jaloux. L'indépendance municipale y a perdu, sans contredit, son droit le plus caractéristique. L'exception contraire au profit des *seigneurs et donzels* était également générale : *tout cil qui sunt es viles ne sunt pas tenus à estre taillés, si comme... li gentilhomme, li quel ne se mellent pas de marceander.* Beaum., chap. L, art. 14; t. II, p. 271. — Cette exemption, à laquelle il faut ajouter celle du clergé, était, dans les villes, une source à peu près permanente de discussions et de conflits. Quant à ceux qui restaient assujettis à la taille, elle devait être répartie proportionnellement aux facultés, *par sous et livres*, ou, comme on dirait aujourd'hui, *au marc le franc* : *que lo cosselh las traga per sols e per livras de la universitat de la ciutat*, Cout. d'Agen, chap. LIII.

(237) § 56. Ce principe, répété dans toutes les chartes de coutumes et pratiqué en France dans toutes les anciennes villes privilégiées, a servi de fondement au droit d'après lequel, en Angleterre, les communes sont seules investies du droit de voter l'impôt. C'était en vertu de ce principe que les rois, les ducs et autres suzerains, quand ils avaient une expédition à entreprendre, étaient tenus de convoquer les villes pour solliciter leur concours. Les états généraux et provinciaux n'ont pas eu d'autre origine.

(238) L'impôt, appelé primitivement *questa*, paraît avoir été d'origine servile. C'est ce qui résulte du mot *questales*, employé pour désigner les serfs. On en avait étendu le sens en l'appliquant aux charges municipales, *questas comunal.* § précéd., note (236).

(239) Le *do* ou *don, donum*, appelé aussi *aide gracieux* (voir Ducange, vis AUXILIUM, DONUM), était une somme donnée volontairement, ou présumée donnée volontairement par les vassaux, à l'occasion d'une circonstance spéciale. On abusait beaucoup sous l'ancien régime, et plus particulièrement au moyen âge, de cette prétendue bonne volonté.

(240) Le prêt ou *mutuum* était encore le résultat d'un abus d'autorité

comme le *don*. On imposait la ville pour une somme fixe qu'on promettait de rendre; il va sans dire que cette promesse était rarement remplie. C'est de l'emploi trop fréquent de ce moyen qu'est né le système de dette perpétuelle qui a fondé en France, comme ailleurs, le crédit public. Voir Ducange, v° MUTUUM.

(241) § 57. Ce droit est à proprement parler le *droit de réquisition*. Ce droit, créé par la féodalité, a été, comme on sait, exploité par les révolutionnaires, qui n'ont pas eu même le mérite de l'invention. J'ai vainement cherché ce mot soit dans Ducange, soit ailleurs ; on le traduisait en latin par *credenza, credentra*, d'où est venu notre mot français *crédit*. Voir Ducange, *his verbis*. — Les habitants de Prayssas étaient soumis à ce droit, art. 8. — Ceux de Sérignac en étaient exempts : *Nos ne devem aver questa ni malcu*. — Ce droit ne s'exerçait d'ailleurs que sur les marchands.

(242) De *pignus*, gage. Ce mot avait un double sens, et signifiait à la fois *gage* et *saisie*. Pour les distinguer, on se servait plus habituellement du mot *penhora* pour exprimer la saisie, mais ce n'était pas général.

(243) § 58. Ce principe, qui paraît si simple, éprouvait pourtant des difficultés. La loi féodale était plus favorable au débiteur qu'au créancier, et forçait ce dernier de s'arrêter quand on lui présentait un bon gage : *cil se réclaimme à tort à qui bons nans* (objets de nantissement) *sunt o fort por le valor de se dete, dedens le jor du commandement*. Beaum., chap. LV, art. 2 ; t. II, p. 320.

(244) Cette disposition est contraire à la règle : *Res perit domino*. En droit romain, le créancier n'était responsable que de sa faute : *si nulla culpa seu segnitia creditori imputari potest, pignorum amissorum dispendium ad periculum ejus minime pertinet*. Cod., liv. IV, tit. XXIV, loi 7. — Mais le droit féodal, toujours favorable au débiteur, avait renversé ce principe qui a été rétabli par notre législation. Cod. Nap., art. 2080.

(245) Cf. Cod., liv. IV, tit. XXIV, loi 5 : *Quæ fortuitis casibus accidunt, cum prævideri non potuerint, in quibus etiam aggressura latronum est, nullo bonæ fidei judicio præstantur*.

(246) § 59. Cf. Agen, chap. XIX ; Prayssas, art. 13 ; Sér., art. 22 ; et une foule d'autres coutumes. En droit, les coutumes se montraient très-sévères contre l'adultère, et les peines prononcées étaient, selon l'observation de Fauriel (*Hist. de la poésie prov.*, t. I, p. 175), plus scandaleuses que le délit lui-même. Mais en fait, l'application de ces peines devait être très-rare. Il fallait en effet que les coupables fussent surpris par le bailli et deux consuls, *nudus cum nudâ, in actu veneris, us sobre l'autri, o que l'hom aia las bragas trachas* (culotte à bas). Agen, chap. XIX. — Ce qui devait nécessairement être rare et difficile. L'article 338 du Code pénal exige encore le flagrant délit.

(247) Voici un exemple relatif à cette peine.

« Cy après orres les justices et jugements que je vy faire à Césaire « tandis que le roy y séjourna. Tout premier d'un chevalier qui fut prins « au bordel, au quel ou partit ung jeu, ou que la ribaude avecques la « quelle il avoit esté trové le méneroit parmi l'ost en sa chemise *une corde* « *liée à ses génitoires*, la quelle corde la ribaude tiendroit d'ung bout,

« ou qu'il perdroit son cheval... » Le chevalier opta pour la perte de son cheval. Joinv., édit. Ménard, p. 204. — Dans les villes agenaises, les coupables pouvaient aussi traiter pour une amende de cent sous, *et sit optio eorumdem*. Castela., art. 20.

(248) § 60. Ce mot *justitia* avait un sens complexe. Il signifiait : 1° le droit de juridiction et, plus spécialement, la juridiction criminelle, *la haute justice, la moyenne justice*, qui se distinguaient par la gravité des peines à prononcer; 2° les peines prononcées en vertu de ce droit : *le seigneur aura pour justice*, etc., formule qui se retrouve incessamment; 3° l'exécution de ces peines ; on connaît la formule célèbre : *Laissez passer la justice du roi*. Il s'agissait d'exécutions. C'est dans ce dernier sens que ce mot doit être pris ici.

(249) Les coutumes varient beaucoup sur l'énumération des instruments qui constituent des circonstances aggravantes, et sur le taux des amendes, mais elles sont d'accord sur le principe même de cette classification, principe sur lequel notre Code pénal a refusé de s'expliquer. *Ferramen*, arme en fer; *gladius, ensis*, etc.; *peira, petra*, pierre ; *teule, tegula*, tuile; *fust, fustis, baculus*, bâton.

(250) En droit criminel, les coutumes des villes inclinaient volontiers pour les coupables, comme en droit civil elles inclinaient pour les débiteurs. La nécessité de la plainte préalable n'avait d'autre but que d'arrêter les poursuites d'office. C'est en vue de cette protection qu'elle est exigée encore aujourd'hui en matière d'adultère et de délits de presse.

(251) § 62. Il existait plusieurs systèmes de graduation, et chaque coutume avait la sienne, différente des autres par quelques détails seulement. A Agen, cependant, cette gradation n'existait pas. Voir chap. XVI, *traira*, de *trahere*, arracher ; *olh, oculus*, l'œil ; *tolra*, enlever, couper :

> *La teste vous* TOULDRAI *par-dessous le menton*
> *Si que jamais n'aurez besoin de chapperon.*
>
> Roman du Guesclin.

Pijigere, ou mieux, *pejorerai, pejorem facere*, atteindre, amoindrir; en vieux français, *méaigner*.

(252) § 63. Voir art. 388 du Code pénal. Chaque coutume avait son système particulier fondé sur l'heure, la nature et la valeur des objets volés, les instruments du vol, etc. On retrouve des traces d'un système analogue dans la combinaison des articles 401, 388 et 471, n° 9, du Code pénal. Les bases premières de notre droit criminel datent de loin. *Ealx*, de l'ail ; *porros*, porreaux ; *onios*, oignons ; tous objets de jardinage. Voir pour les vols d'objets de consommation, Beaum. chap. XXX, art. 80; t. I, p. 449.

(253) *Signatus, signare*, c'était : *reis stigma vel signum imprimere*. Ducange, vis SIGNARE, SIGNATIO, SIGNUM IN FRONTE ET IN FACIE. — Cette peine était très-commune au moyen âge. Elle s'est conservée jusqu'à nos jours, et n'a été complétement effacée que par la loi de 1832. A propos de ce mot *signare*, Ducange cite un passage extrait de la coutume de Va-

lence d'Agenais, d'après un registre de la connétablie de Bordeaux, *descriptæ in regesto constabulariæ Burdigalensi*. Ce registre paraît malheureusement perdu.

(254) *Pilori*, colonne au pied de laquelle on attachait les coupables. Cette colonne était un signe de haute justice; on la plantait sur la place publique, où elle était d'ordinaire en permanence. La peine du pilori, désignée dans le Code pénal de 1810 sous le nom de *carcan*, et conservée par la législation de 1832 sous la dénomination d'*exposition*, a été abolie par le décret du 12 avril 1848.

(255) Cette peine est empruntée au droit romain : *pœna manifesti furti quadrupli est ; nec manifesti duplex*. Instit., liv. IV, tit. I, § 5.

(256) § 64. Les habitudes violentes du moyen âge amenaient de fréquentes dévastations. Elles étaient, dans certains cas, couvertes par le cas de guerre, mais dans les autres cas elles restaient des cas punissables. Les coutumes variaient considérablement sur le taux des peines à appliquer. A Agen comme à Larroque, elles étaient arbitraires : *passaria pena a esgart del senhor e del cosselh*. Cout. d'Agen, chap. XV. — D'après Beaumanoir, il n'existait pas de règle fixe pour les dommages faits aux vignes : *la coustume des domaces qui sunt fet en vignes se diversifient en tant de liex c'on n'i pet metre droit commun, ainçois en convient uzer selons le coustume de çascun liu*. Beaum., chap. XXX, art. 80 ; t. I, p. 439. — *Taillar*, couper, abattre, renverser. Voir Ducange, v° TALLIARE. — On lit également dans les Coutumes d'Agen, chap. XV, *si alcus tailhara l'autrui vinha*; *foc*, *focum*, *focus*, feu; *si alcus hom o femna metia foc en maio*. Cout. d'Agen, *ibid*. — Dans le Beauvoisis, l'incendie était puni de mort : *qui art meson à essient, il doit estre pendu*. Beaum., chap. XXX, art. 9, t. I, p. 413. — A Bordeaux, on distinguait l'incendie commis de jour et l'incendie commis de nuit. Cout. de Bordeaux, § 15. — La même distinction se retrouve dans les Etablissements de saint Louis : *qui art meson de nuit, cil pert les iex*, *Establ.*, liv. I, chap. XXIX. — *Afolar*, gâter, améliorer, voir Ducange, v° AFFOLARE : *pour ce que son pays estoit faible, tantost l'auroit affolé* : parce que son pays était faible, tant on l'avait épuisé. Comines, liv. I, chap. II. — *Equa*, de *equus*, jument, dont on avait fait *haquenée*; *sauma*, ânesse, d'où *saumada*, charge d'âne ou d'ânesse; *engarar*, blesser, tuer (voir Ducange, vis GARSAR, JARSAR); la véritable lecture doit être *engarsar*.

(257) En quoi pouvait consister cet établissement de la paix ? Cet acte s'est égaré et il serait difficile d'en indiquer les clauses, même par voie de conjecture. La responsabilité dont il est question dans cet article est celle qui a dicté la loi du 10 vendémiaire an IV. Le principe en était généralement admis dans l'ancien droit.

(258) § 65. *Ensemble, en commun*. Il était de principe dans le droit féodal que l'information ou l'enquête ne pouvait être faite par le juge seul : *nul ne doit fere enqueste sens qu'il n'ayiat bone gent avec li por fere l'enqueste*. Beaum., chap. XL, art. 17, t. II, p. 137. — *La bone gent*, dans une ville municipale, c'était le conseil de la ville. Cf. Agen, *Cout.*, chap. XVII, et toutes les coutumes du pays. Quant à la nécessité de la plainte, voir ci-dessus, § 61, note (250).

(259) Faubourg, quartier hors de la ville. Voir Ducange, v° BARRIUM.

(260) § 66. Cf. Agen, chap. XX. Ce mot *crebara* se trouve aussi dans les coutumes de Layrac, p. 20, et dans plusieurs autres textes ; mais on lit dans Agen : *si negus hom s'en clava* ; cette version, *s'en clava*, paraît meilleure et répond exactement au sens général du chapitre ; elle répond à la locution latine *se claudere*, s'enfermer ; *crebara* doit donc être une altération de *clavara*. Il y a *nuit*, d'après les Coutumes d'Agen, quand les voisins sont couchés : *despoiss que sei vezi seran colcat*, ibid. D'après ces mêmes coutumes, le propriétaire envahi doit crier au voleur ! *autament cridar a lairos aissi que li vezi o devo le auzir*, et c'est alors seulement que, avec le secours des voisins accourus, on pouvait arrêter le coupable ou le tuer impunément. Beaumanoir a prévu ce cas qui devait être assez fréquent : *grans périx est d'entrer en autrui manoir par nuit sans le congié et sans le sceu de celi à qui le manoir est... et s'il l'ocient parce que il se tourne à deffense, en doivent tout cil de l'hostel estre excusé*. Beaum., chap. XXXIX, art. 46 ; t. II, p. 108. — De nos jours, l'homicide commis en repoussant l'entrée d'une maison est encore considéré comme un cas d'excuse légale. Cod. pén., art. 329, § 1.

(261) § 67. Le mot *pelegar*, *pelejar*, *pelegiar*, n'emporte aujourd'hui, dans l'idiome local de l'Agenais, d'autre sens que celui d'*avoir querelle*, de *disputer par paroles*, et, tout au plus, de *provoquer*. Il semble qu'au moyen âge il n'avait pas non plus d'autre sens ; c'est au moins ce qui résulte des citations faites par Ducange, v° PELEGIAMENTUM. — D'un autre côté, il est certain que ce mot s'appliquait à un certain ordre d'attentats commis envers les femmes. On lit en effet dans les coutumes de Gourdon : *qui peleia femna maridada encorreguts al senhor*. (Cout. Gourd., § 13) ; et dans celles de Fumel : *tots home que pelejara femna piossella que la marida*. Cout. Fumel, § 40, inédit. — Mais quelle était cette nature d'attentats ? Les coutumes d'Auch indiquent clairement le viol : *si aliquis per vim cognoscerit mulierem maritatam*. Cout. d'Auch, art. 45. — Mais cette interprétation toute locale paraît difficile à accepter d'une manière générale. Le viol, en effet, en vieux français, *femme efforcier*, était puni de mort : *quicunques est pris en cas de crieme et ateins du cas si comme de mordre... de feme efforcier, il doit estre traîné et pendu*. Beaum., chap. XXX, art. 2 ; t. I, p. 411. — Ici, au contraire, la peine est tellement adoucie qu'on a peine à croire qu'il s'agisse du même fait. Il semble, en conséquence, que ce mot *pelajar*, du mot *stupraverit*, indiquant ce qu'on appelait, dans l'ancien droit, *rapt de séduction*, et pour lequel il n'existait que des peines corporelles transformées par le concile de Trente en une obligation d'épouser la victime de l'attentat : *qui sine vi virginem aut viduam honeste viventem stupraverit, si honestus sit, publicationem partis bonorum patitur*. Instit., liv. IV, tit. XVIII, *De Publ. jud.*, § 422. — *Decenter dotare eam arbitrio judicis ex usu damnatur. Conc. trid.*, sess. XXIV, cap. VI. — C'est encore le cas prévu par l'article 337 du Code pénal.

LES COUTUMES DE LARROQUE-TIMBAUD.

1270.

§ 68. — Des bouchers. — Tarif de la taxe. — Peine pour vente au-dessus de cette taxe. — Prohibition d'exposer des viandes gâtées en tout ou en partie.

Li mazeler (262) ganho en cada beu o baqua que vendo, se n'es[1]... en quada bestia escoriada que vendo a mazel, los quatre sols, e l cap, e l col, e l cul, e l ventre[2]; en porc o en treja, los quatre sols, e l ventre[3], e l sang; e si plus car o vendian, que l coste LXV sols de gatges, e en[4] fos la mitat als senhors e la mitat als cosselhs; e que no meta car milhargosa, ni morta de malaria[5], ni per avol[6] mort de mieis[7] l'autra carn ni sobre lo mazel, ni sobre los pes, ni en aquel loc on vendra l'autra carn bona; e qui en aissi no o fazia que l costes, a aquel qui aissi cum es digh no acomplira o no gardara, LXV sols don sio las doas partz al senhor e la tersa part als cosselhs, e[8] la enmenda que fos en doble a qui l'auria venduda a conoguda del baile e dels cosselhs.

§ 69. — Des boulangères. — Taxe. — Amende et confiscation au profit des pauvres.

E las pistoressas (263) fassa bel pa e grand, e en quada quartera de blat que ganhe XII diners, e l bren, e la sembla; e qui

1 Lacune dans le texte.
2 Vendre.
3 Id.
4 Ou.
5 Maria.
6 Abol.
7 Mes.
8 En.

plus car o venda que l costes, a aquela que o faria, V sols de gatges; e que sia la tersa part al cosselh, e las doas parts al senhor; e li pas qui i sera outra lo predigh gahan so encorregut per l'amor de deu as pauvres.

§ 70. — Des mesures (264). — L'emploi de fausses mesures, soit pour débit de vin, soit pour blé et huile, est puni d'amende et de la saisie des mesures pour être brûlées en place publique. — Toutes les mesures employées doivent porter l'empreinte des consuls. — Il est accordé un denier par mesure au forgeron pour frapper cette empreinte.

E qui venda vi ab[1] falsa mesura que l coste LXV sols que sio al senhor e tot lo vi del douzil en sus del vaissel[2] don lo vendra (265); e aquela mesura falsa que sia arsa en la plassa en despens d'aquel que la tenia. E tot taverners que tenga vi aia quart (266) e sas autras mesuras, e que l cosselh la(s) fassa senhar al faure ab lor senhal saubut e conogut, e que l faure n'aia[3] un diner de cada una mesura, e de cada un barril e de cada una comporta; empero (que) no senha neguna mesura si l cosselh no la faia senhar; e si o fazia[4], que l costes LXV sols de justitia que fos las doas partz al senhor e la terssa part as cosselhs. E neguna mesura de vi, ni de blat, ni d'oli, petita ni granda, ab que hom crompe ni vende, no sia bera si no era senhada ab lo senhal que auran; e qui tenra falsa mesura, o fals pes, o falsa cana ab[5] que compre ni venda blad, o draps, o li autras causas de pes, que li coste XX sols, dels cals XX sols sio las doas partz al senhor e la tersa part al cosselh, e la falsa mesura, e l fals pes, fos ars en la plassa.

§ 71. — Des statuts municipaux. — Ils peuvent durer un an et embrasser toutes sortes d'objets, hors ceux qui sont réglés par la charte. — Les amendes prononcées pour contravention à ces statuts se partagent dans la proportion ordinaire, deux tiers aux seigneurs et un tiers aux consuls.

E acostumero e establiro que l baile (267) e l cosselhs pusco

[1] Ad.
[2] Baissel.
[3] N'aie.
[4] Fagea.
[5] Abs.

far e metre establiments cada an en aquo que l volrau, li qual establimentz aio valor aitant quant (qu)ilh que l faran (seran) de cosselh en aquel an, aitant be cum[1] sera dregh e costuma; empero que no fosso ges[2] mes establimentz (sobre aquo) don sia facha costuma en aquesta carta; mas d'autras causas ne posquan far; e de totas pechas[3] que establiran en aquels[4] establimentz sobre alcunas causas sia la tersa part al cosselh e las doas partz al senhor.

§ 72. — Audiences sur la place. — Toutes les affaires doivent se régler par la coutume, et, en cas de silence, par le droit écrit.

Tot plagh e tota questio que sia demenatz e plageatz en lo meis castel de Laroca-Tigbaud sio auzit, e determinat, e jutjat, en la plassa[5] cominal (268) del meis castel, de las causas e del[6] negoci del digh castel, e de la honor, e d'autres locs, qual plagh o questio que sio, e devant qui que sio; e que sio plagiat, jutjat e definit per aquelas costumas e per los establimentz del meis loc; e si no podio estre jutjatz per diversitat de cas que i abenguesso[7], des quals cas avenidors no fos fagh[8] mensios en las meissas costumas e els establimentz, que fo jutjiat per dregh escrios (269) o per baile, o per cosselhs, o per la cort del digh castel.

§ 73.— Des notaires. — Le bailli et les consuls pourront en établir quand ils le jugeront utile. — Attributions et salaires. — Il est dû acte, pour chaque convention, à la première réquisition adressée par l'une des parties contractantes à l'autre partie.

Acostumero li predigh senhor que (i) aia notaris[9] publiqs en lo predich castel, *quant sera ne tant melhuratz que posco far los*

[1] Comme.
[2] Le texte porte *deres*, qui n'a pas de sens. Je me suis laissé guider, pour le remplacer, par le sens évident de la phrase.
[3] Peteas.
[4] E d'aquels.
[5] Pasa.
[6] El.
[7] Abengeso.
[8] Fax.
[9] Notaria.

devers (270) del senhor e del cominal, e quan connoisserio[1] lo baile e ls cosselhs que sio fazedor; e que las cartas publicas que aquilh[2] notari faran aio aitant bona valor cum las cartas publicas fachas per las mas dels notaris d'Agen (271); e que aquilh notari aia aital franquesas que li notaris d'Agen; e que li notari aia salari rasonablament de las cartas que faran a bona fe, second que seran grandas o petitas; e se trop demandava, qu'en prengue[3] (per) razo, a conoguda del cosselh.

E que totz home o tota femna autreja carta a autre, quand lo demandera, de tota causa que n devra far per *feus* que n tenga de lui, o per *compra*, o per *do*, o per *pengh*, o per *deute* (272), o per autra causa que sio tengut far; e que lo baile e ls cosselhs l'en destrenga quand lor ne sera facha rancura; e si far no o volia que l costes x sols de gatge don fo las doas partz al senhor e la tersa part al cosselh; e puis que l'en autrejes carta en la manera que deura second lo fach per que l deuria autrejar la carta; e que li senhor e ls cosselhs fasse e meto los notaris; e si forfajo, que fosso punitz aissi cum li notari d'Agen.

§ 74. — Des extorsions de fourrages. — Elles sont interdites aux seigneurs et aux gens de leur maison. — Pénalités.

Neguts senhor, ni cavaler del dich castel, ni donzel, ni lors escuders, ni lors mainadas, ni autras personas no prenga l'autrui herba de prat, ni l'autrui pailha de pailher faghs, ni de maio, ni o fassa far a[4] rescot ni aparen[5] (273); e qui o faria que l costes v sols de gatges don fos la terssa part als senhors e las doas partz al cosselh per lor e per la garda, si era fagh de dias; e si es fagh de nogh que l costes, cum dessus es digh on[6] parla de panadis de nogh, qui que s fos aquel qui o faria o auria fagh far; e que renda per enmenda aitant o atretant[7] mais cum la

[1] Counesserio.
[2] Aquel.
[3] Preiso.
[4] Arcocot.
[5] Presen.
[6] En.
[7] Aterquant.

causa panada valhia, sios fachas de dias o de nogh, e aitant e atretant del seu propre cum valhia aquel mal que fe.

§ 75. — Coups et blessures. — 20 sous d'amende et réparation.

E qui ferira[1] hom o femna del digh castel o de la honor e l'empenhera (274), et puis s'en clamara al baile lo feritz o en pejh[2] el tiratz, que l coste XX sols don sio las doas partz al senhor e la tersa part als cosselhs, e qu'en fassa la drecha a conoguda del baile e de l cosselh e (segon lor) taxatio [3].

§ 76. — Injures dites avec colère. — 5 sous d'amende.

E qui afoliava (275) home iradamens o dira injuria iradamens (a) son essiens, que l coste V sols que sio al senhor, si clamor n'es facha, e que fassa emenda e honnor (276) a aquel a cui o dis, a conoguda e per la taxatio del baile e del cosselh.

§ 77. — Retraits. — N'ont pas lieu pour vente de meubles.

E nulh home no aia torn en parentat, ni per als, de causas moblas.

§ 78. — Des indemnités pour délits commis. — Laissées à l'appréciation des consuls et recouvrables par voie de contrainte judiciaire.

E que los cosselhs jutjent, e presso, e fassa presar totas las malafachas que seran jutjadas[4] e presadas per lor e per aquels presers[5] que establiran; e que n sio fagh per aco que il n'i diran; e qui no complira aissi cum ilh diran, que fos penhorat[6] per lor e per baile, e destreghs fortament.

§ 79. — Du ban (277) seigneurial. — Ne peut être apposé qu'après jugement préalable. — Infraction au ban seigneurial, amende de 65 sous. — Infraction au ban du seigneur censier, 10 sous d'amende.

E neguths senhor, ni donna, ni cavaler, ni donzel, ni senhor

[1] Feira.
[2] Penh.
[3] Lataxtio.
[4] Justas.
[5] Pees.
[6] Peniourat.

de feus, ni autre hom no meta ban en causa dels habitants en lo meis castel o en la honnor, mas per connoissensa et per jutjament del cosselh del meis loc; e si fazio ne[1] en autra manera, que no agues valor aquel bans; e qui enfranhera aquel ban jutjat e conegut aissi com digh es que l costes LXV sols de justizia, si li senhor o l baile li avio mes, e qui franhera ban de senhor de feus, can aissi sera conogut e jutjat per lo cosselh, que l costes X sols de gatge, li qual fos a aquel senhor de l feus.

§ 80. — Dessaisissement par autorité privée et par force est puni d'une amende de 65 sous, sur la plainte de la personne dessaisie.

Qui deserira home per sa authoritat d'aco que tendra e tolra forsadament la causa que tendra, que l coste LXV sols de justizia que sio del senhor del digh castel, si empero n'es facha rancura; e, si n'es facha rancura, quant lo rancurants o denuntiara quan ne sabria apertamens qui o auria faghs, una persona plus que l'autra.

§ 81. — De la mainlevée de saisie (278). — Le saisi peut l'obtenir moyennant caution.— La saisie sans autorité de justice est punie d'une amende de 5 sous, plus la réparation du préjudice.

E que tot hom e tota femna del meis castel e de la honnor pusca ma-levar sa penhora ab bonna fermansa que donne d'estar[2] a dregh, si penhoras no era per causa jutjada; e qui penhorara per son authoritat, que l coste V sols, e renda la penhora, e enmenda lo dan al penhorat, si clamor n'es facha.

§ 82. — Du vol qualifié Robe (279). — Peines, 65 sous d'amende, restitution et réparation.

E qui raubara que renda la raubaria, e que l costes LXV sols de justizia, e enmenda lo dan al raubat, e la injuria, si clamor n'es facha.

§ 83. — Des saisies. — Sont pratiquées par le bailli et les consuls pour exécution de jugements. — Peuvent l'être par le seigneur censier sur son fief. — Par les particuliers dans leurs maisons et sur leurs terres à la condition de tout apporter aux consuls.—Peines pour détournement des objets saisis.

Empero lo baile e ls cosselhs del digh castel pusco penhorar

[1] No.
[2] D'estada.

per causa jutjada e per contumacia, e senhor de feus per meissa manera en son feus, e tot home posca penhorar (280) en sa maio o en sa terra, empero que ades aporte las penhoras als cosselhs; e qui no[1] dara penhoras al baile e als cosselhs, que l coste XX sols don sio las doas partz al senhor e la tersa part al cosselh; e qui tornara (281) de lor voluntat la penhora en son poder quant[2] l'auria facha, que l coste XX sols don sio las doas partz al senhor e la tersa part al cosselh; qui tolra penhoras fachas al baile o al cosselh, que l coste LXV sols don sio las doas partz al senhor e la tersa part al cosselh; e qui tolra penhoras a senhor de feus, que l coste V sols que sio al meis senhor de feus.

§ 84. — De l'interpellation amiable (282). — Toute demande doit être précédée d'une interpellation adressée au défendeur. — Si celui-ci offre d'aller devant les consuls, la demande doit être arrêtée. — Dans le cas contraire, ou sur le refus d'en connaître fait par les consuls, elle doit suivre son cours.

E qui (se) volra clamar d'autrui del digh castel e de la honnor, que l'enquerra avan que s'en clame; e quant l'enquerra, si l'autre li presenta dregh devan lo cosselh e lo ferma be, que o prengua[3] e que no s'en clame entro que s'en pegue devan lo cosselh; e si fermar aissi no o vol, o si aprés las fermansas se peguabe a lui que no l fes dregh d'aquela causa devant lo cosselh, o si l cosselh no s'en volia entremettre de jutjar, o si no volia tenir lor jutjament, que d'aqui en la s'en pogues clamar senes enquesta, *o en autra manera s'en clamara*[4]. . . . .

. . . .

. . . . senhor.....

[1] Be.

[2] Que.

[3] Pengua.

[4] Cette lacune paraît provenir d'une lacération du manuscrit primitif; mais elle peut être facilement remplie à l'aide des Coutumes d'Agen. Voici donc le passage à restituer :

E aquel que en autra manera s'en clamara que no l'agues enqueregut, deu lo gitar de la ma del senhor, so es assaber, de V sols de gatge, e deu pagar a l'autra partida sas messios a esgart del senhor e de sa cort.

§ 85. — Le bénéfice du fournier est de 1 pain sur 17.— Celui du meunier, de 1 boisseau sur 16 (283).

Que tugh li pa que sera cugh en los forns del digh castel[1] per lo dezesete pa e per lo tornaire, e que autre munage no donne hom; e si pa se perdia o s'afolava, que l forner o dobles a conoguda del coselh; e que mola hom a totz los molis per lo seze boissel que hom ne donne entre blat e farina.

§ 86. — Révélations de dommages. — Tous les dommages commis par les bestiaux doivent être révélés sur-le-champ aux consuls, et dans la huitaine au garde.

E qui no digh tot a present al cosselh, o a la garda, dins VIII dias que auran (estat) feitas las malafachas de bestial, no fos creutz d'aqui en la.

§ 87. — Tarif des droits perçus sur la sortie des marchandises vendues aux étrangers.

Cum li senhor a ancianament rendas en las causas que li hom estranh trago del digh castel e de la honnor, blat o bestias, que donne (hom) issida (284) al digh senhor en aquesta manera: So es assaber

Que donne I diner de quada saumada o rossari que trago del digh castel e de la honnor, e si mens ne[2] traia que res no dongue.

E de cada conca[3] de blat a mesura d'Agen, I diner, e d'aqui en jos no donne res.

E I diner de quada porc, e de quada troja, o ovelha, o moto, o cabra, o boc.

E d'ase o sauma, o mul, o mula, IIII diners.

E de caval o ega que sio ferrat, VIII diners; e si no ero ferrat, IIII diners.

E de cada beu, o baca, si no era popan, diner.

E de bestial[4]....... donne hom res.

[1] Il y a ici un mot omis dont le sens doit être *cuisent*.

[2] No.

[3] Carga.

[4] Lacune dans le texte.

E qui aquestas causas comprara en lo predigh castel o en la honnor, e las retraira, donnera, si[1] es estranh, las predichas issidas; e qui no las pagara aissi cum dich es avant que l'en traia del digh castel e de la honnor, que li costes v sols de justizia, e que la causa comprada sia encorsa.

E tot hom estranh que venda sal en lo digh castel e la i descargue[2] per vendre, que donne una palmada al senhor per leida.

E de tot porc o troja que sia vendutz o comensat a vendre a mazel en lo digh castel, que n'aia los ombles li senhor per leida; e que sia cominals als predighs senhors la predicha sal, la predicha yssida, e la predicha leida, e li predich nombles, e li predich pes, e la issida del mazel en aquela manera que es la justizia del meis castel als meis senhors.

§ 88. — Maraudages et dommages faits aux champs. — Institution d'un garde. — Serment de ce garde.

E tot home e tota femna que intrara en autrui cazal, o vinha, o prat, o en autrui malafacha, en pren frugh, o erba, o ortalessia, o autra causa ses voluntat d'aquel de cui sera, que donne v sols don sia la tersa part al senhor, la tersa part al cosselh, e la tersa part a la garda, la qual garda i meto quada an lo bailles e l cosselh essemps.

E aquela garda jure sobre sans que leialment se mentendra[3] en aquel offici e estat, ne dira e levara totz gatges, e no estimara[4] amic ni enemic, ni los gatges no laissara ses lo voluntat del baile e del cosselh, e que tendra bo compte de tot quant levara de pechas al baile e al cosselh, e lors ne rendra las doas partz leialement, e que la tersa part sia sua, e (que) lo senhor del bestial pague lo gatge que deuran, (e) que las bestias enmendo las malafachas que faran, e que donne si meis, si vol, la tersa (part) per la malafacha per sa noxa;

E que la garda e tot home del digh castel e de la honnor sia creutz per lo sagramen que a fagh al baile e al cosselh de tot homes, o femnas, o bestias que aia vistas en autrui malafacha

1 Li.
2 Decargue.
3 Mendra.
4 Estanbiera.

entro a la valor de v sols, et d'aqui en sus que fos proat com deura.

Si beu o baqua intre en autrui malafacha de dias, que coste vi diners, — la cabra e boc e moto, i diner, — e azes[1], i mailha, — e caval o rossi e ega, vi diners — e sauma o aze o mul o mula que no sio popans, a cada un, iiii diners — e porc e traja, ii diners; e tot home e tota femna del digh castel e de la honnor que pague las pechas, e fassa las emendas aitant la us com l'autre, e que nulla persona no sia exceptada[2], e que[3] l cosselh e la garda pusco penhorar[4] (e) arestar totas las bestias de qui que sio quand auran facha malafacha entro que li senhor de qui las bestias sio aio la malafacha enmendada e pagat lo gatge (285).

§ 89. — De la garde du bétail sur le terrain d'autrui pendant la nuit. — Amende.

E tot home que gardera bestias en autrui prat deffendut de nugh, e en autrui fener, o en cazal, o en vinha, o en autra malafacha, que donne v sols de gatges, e cada una d'aquelas bestias, xii diners.

§ 90. — De la dot. — En cas de prédécès de la femme, la dot mobilière reste au mari. — En cas de prédécès du mari, elle revient à la femme doublée par l'augment. — La dot immobilière revient aux héritiers de la femme, qui ne peut léguer à son mari qu'une somme en argent équivalente au plus à la moitié de la valeur de l'immeuble dotal. — Les conventions matrimoniales doivent être exécutées.

Tot lo moble que sera donat en dot sia d'aquel que penra la molher per far sas volontatz[5], si la molher moria avant que el; e[6] si lo marit moria prumers que ela, que (ela) cobres avan totas personas totas las causas moblas, si l'auria donadas; e si era pusella quand l'a pres, que l doble sos diners, si enfan agut no avia, o si enfan no restaba vios; si la molher moria avans que (lo) marit, que totas las heretatz torneso al plus pro-

[1] Il doit y avoir erreur : c'est *ovalha* qu'il faudrait.
[2] Establida.
[3] Aquel.
[4] Pentiar.
[5] Supprimé ici *e* qui m'a paru inutile.
[6] O.

jadas parens *del linatge*[1] *del qual* (era) estada aquella heretat; mais si la molher laissava en son darrer ordenh a son marit sobre aquela heretat, que aio valor aquela laissa, empero que aquellas heretat valio mais la mitat que aquel dinier; (e)en autra manera la molher no pogues far laissa[2], e, si o faia, que aquella laissa no valgues; empero si autre coven ero estat fagh entre lo marit e la molher quant prumerament s'ero maridatz entre lor, que aquel coven aia valor (286).

§ 91. — Saisies pour dettes. — Délais pour pouvoir vendre. — Objets insaisissables.

Qui non poiria pagar sos deutes de sas causas moblas aia terme de XL dias, si o requer, per vendre heretatz, e jure sobre sans evangelis que dins aquel terme l'aia venduda; empero si aquel a qui devra lo deute pot mostrar causas moblas que sio suas don lo pogues pagar (287) li bailes l'enfassa pagar; e si no a causas moblas ni heretatz, jure sobre sans evangelis[3], *cada mes avenidor*[4], que no a V sols ni plus, e tot quant poiria aver, otra sas messios e de sa mainada razonablas, lo renda entro del tot l'aia pagat; e que hom no penhora als homes ni a las femnas del digh castel ni de la honnor los draps de leghs on jaïra, ni sas armaduras, ni sos ants de son mester, ni vestir de son cors d'hom o de femna (288); e se es[5] deute per bestias que n'aia compradas[6] e no pot pagar, que l bailes, si n'a clamor, venda aquela bestia per tant quant valra (a) aquel de cui la compret devant totas personas.

§ 92. — Du combat judiciaire. — N'est admis que dans le cas de trahison et dans deux cas : 1° si l'accusé n'a opposé qu'un simple déni sans aucune réserve ; 2° du consentement de ce dernier (289). — Allusion à un règlement spécial sur cette matière en Agenais.

E hom del digh castel ni en la honnor no sia tengutz que s

[1] Au lieu des mots soulignés, on lit dans le texte : *De lis de bas la quella*.

[2] Fa laissar.

[3] *Que* supprimé comme inutile.

[4] *Alezedor*. Le texte de Puymirol porte tout simplement *de mes en mes*, DE MOIS EN MOIS.

[5] Du.

[6] Agudas.

combata, si no s vol, quand sera apelatz de traisso per batalha, mas solament en duos cas, so es assaber, si hom l'apela de traisso en cort, e l digh que es traisser, e l'apelat li respond a negament senes meja; adonx i sia batalha; e si l'apelat vol la batalha, que adonx sia la batalha. E que li senhor del digh castel tenga bona cort e segura, e que fasso e acomplisso aissi cum es (digh) en los fors (e) en las costumas d'Agenes en fagh de batalha (290).

§ 93. — Droits d'usage dans les forêts du seigneur.

E tugh li home del dich castel e de la honnor aia lor calfatge (291), e fustas, e lenhas a lors propris viatges[1] en los bosc que son propris del senhor del dich castel, e pastenghs a lor bestial que tenran en lors ostals per totas las terras hermas que son propris al meis senhor de lor taula, e n'aio d'aqui fustas a lor vaissel e a lors maios per lor propris viatges, mas no pusco revendre ses la voluntat del senhor del digh castel del cal sera tota aquela terra.

TOTAS e cadunas las predichas causas autrejero, e acostumero, e meso establida en costumas perdurablas per totz temps li predigh senhor de Larroqua-Tigbaut, so es essaber, en Amelh de Larroqua, en Galhard de Larroqua, en Jordas de Larroqua, en Garinas[3] de Larroqua e la dona na Serena, sa sor, e en Pan de Forcas[4], son marit, en Tigbaut de Larroqua, (e) per lor e per totz lors successors las donnero e las autrejero als habitants e habitadors en lo meis castel e en la honnor, e a totz aquels que seran del sagrament del digh castel;

E li habitant del poble del digh castel recevo ne per lor e per lors successors, totas las predichas costumas, e s'en tengo per be pagat, e juro corporalment sobre sans evangelis de Deu en la glezia de nostra donna Sancta Maria del Puch de Larroqua-Tigbaut, e sobre l'autar de la meisa glezia, e promeso ab bonna e ferma e leial estipulatio entre lor tugh li predigh senhor e la predicha donna e l cominal e li prohome del digh castel, so es essaber, Guillem de Puchbarsac, G. de Lari, E. Mox, e

[1] Plus probablement *usatges*.
[2] N'.
[3] Armas.
[4] Le préambule le nomme *Pan de Forcasson*.

autres tugh e cadaus li predigh senhors, e li predigh prohomes, e) tot lo pobles del digh castel promesero enqueras mais entre or, (e) juro sobre sans evangelis de Deu e sobre lo predich autar, si cum dessus es digh, per lor, e per totz lors successors, que las predichas costumas, e totas e cadaunas las causas en aquesta present carta contengudas auran[1], tendran, e gardaran, e compliran fermament (e) stabliment per tot temps, e que ja de contra no vendran, ni faran per negu dregh, ni per neguna razo, ni en neguna manera; e messo en aquestas costumas li predighs senhors que li[2] molher, e li enfants, (e li) mainadas de los juratz del digh castel e de la honnor de Larroqua-Tigbaut sio tugh e totas, tant quant estaran ab lui de cominal, de las franquessas del predigh castel, aitant be que li senhor ab cui estaran tant quant estaran ab lo dich senhor, aitant be cum si avian[3] juradas aquestas costumas, empero que juraran[4] be per meis sagrament que li autre, quand lo bailes e ls cosselhs los o mandrio.

ARTICLES SUPPLÉMENTAIRES[5].

1° E qui traira cotel o espasa... del digh castel e de la honnor, sio home o femna... sols arnaldens, si clamor n'es facha, a la conoguda de la cort.

2° E qui en la cort del baile e del cosselh commensa contentio ni peleja, que l coste VI sols, ses tota clamor, dont sio las dios partz al senhor e la tersa al cosselh.

3° E qui pelejara en la cort del baile e del cosselh après que l'o aio deffendut lo bailes e sa cort e li senhor del meis loc, qu'en coste XX sols de pena, ses tota clamors, dont sio las doas partz al senhor e la tersa al cosselh.

4° E si aquet que seria estat en aquela contenta s'en clamava

[1] Asiran.

[2] La.

[3] Abias.

[4] Jurero.

[5] Ces articles sont évidemment de rédaction postérieure à la charte de 1270 : ils durent être ajoutés à cette charte lors du *translat* ou transcription sur le registre où elle a été trouvée. Mais au lieu de les insérer à la suite de l'acte, on imagina de scinder le protocole final pour y intercaler ce hors-d'œuvre.

al baile, que lo vencutz[1] pagues al baile (per) la justizia d'aquel clamor oltra los predighs XX sols e los predighs XX sols de pena.

5° E qui feria home en la cort del senhor d'aquel loc o del baile o del cosselh, que l coste LX sols, si clamor n'es facha, si empero lo fach iradament, dels cals LX sols sio las doas partz al senhor e la tersa part al cosselh.

AYSSO fo fagh e acordat en la predicha glezia VII dias a l'issit de mai, cujus rei testes fuerunt Pont caer, Simo del caslas, (rector) ecclesie supradicte, dominus Hugo de Lamotha, miles, Seguinus Trocet, dominus Aimericus de Faigarollas, miles, magister Guillelmus de Monqui, lo paire, Estephanus Boer, Vitalis Boer de Bonassies, Arnaldus de Baiolmonte et ego Pontius Meinardi communis notarius Agenni qui hanc cartam inscripsi utriusque consensu, anno a generatione Domini M° CC° LXX°, regnante Alphonso[2] Tholosano comite et Petro[3] episcopo Agennensi.

[1] Benuts.

[2] Alphonse, comte de Poitiers et de Toulouse, mort en 1271.

[3] Pierre de Gerlandi, élu en 1264 et mort en 1271.

NOTES.

(262) *Mazel*, et quelquefois *mazet*, boucher. En latin, *macellarius*, *macellator*, *macella*, *maselayria*. Voir Ducange, his v^{is}.— Le régime des boucheries au moyen âge était, sauf quelques exceptions, ce qu'il est encore aujourd'hui. Les bouchers apportaient leur viande au marché, où elle était étalée sur des bancs, dits *bancs mazerers* ou *mazeriers*. La construction de ces bancs, qui, dans beaucoup d'endroits, étaient établis à demeure, était presque toujours faite aux frais du seigneur qui en retirait un léger prix de location. Ce prix figure fréquemment parmi les revenus seigneuriaux. La viande ainsi étalée devait être saine et de bonne qualité, ce qui entraînait, pour l'autorité locale, le droit et le devoir de la faire visiter. Enfin, les bouchers étaient soumis à la taxe, et cette taxe était faite de façon à leur assurer un bénéfice légitime. Dans quelques villes, ce bénéfice était d'un denier par sou, environ 8 1/2 pour 100. On voit, par cet article, qu'à Larroque c'était une somme fixe, 4 sous, en sus du prix d'achat, plus quelques parties peu recherchées et vendues à vil prix ailleurs qu'au marché, telles que la tête (*lo cap*), le cou, le ventre et le derrière (*lo cul*).— *Carn milhargasa*, viande gâtée, forme adjective de *mizel*, *mezel*, *mesiaux*, autrement *lépreux*. Voir Ducange, v° MEZELLUS. — *Malaria*, *malatia*, *maladie*.

(263) Littéralement des *pétrisseuses*, de *pistare*, pétrir, faire de la pâte. Voir Ducange, v° PISTORESSA. — Ce travail devait être exclusivement abandonné aux femmes, car il est rarement question des boulangers dans les coutumes. Le régime de la boulangerie était réglementé tout aussi bien que celui de la boucherie, et le principe de la taxe y était également appliqué. Le bénéfice de la boulangerie était, à Larroque, de 12 deniers ou 1 sol par *cartera*. Cette mesure est encore en usage dans le pays sous le nom de *quartaïl*. Sa capacité varie de commune à commune. Elle est à Larroque de 88 litres. Le bénéfice était donc, d'après les calculs faits plus haut, de 2 fr. 32 c., valeur intrinsèque. Dans le dernier état des taxes municipales, il n'était que de 1 fr. 50 c. La coutume de Preyssac ne parle pour tout bénéfice que du son, de la basse farine et du prix du sel, art. 19. — *Bren*, son, résidu de la farine. Ducange, v° BREN.

> Qui giete la blanche farine
> Fors de lui et retient LE BREN.
> GUYOT DE PROVINS.

Sembles, en latin, *siminellus*, voir Preyssac, *ibid.*, note 2.

(264) Les mesures dont on usait au moyen âge, portaient presque partout les mêmes dénominations, mais leur capacité variait singulièrement de province à province, et de localité à localité. Sous le prétexte d'empêcher la fraude, chaque seigneur avait en sa possession les mesures destinées à servir d'étalon et les faisait apporter sur le marché, où elles servaient à mesurer tout ce qui était vendu sur la place publique. Cette opération donnait lieu à la perception d'un droit dit *de mesurage*. Quant aux marchandises débitées en magasin, il était impossible d'appliquer cette manière de procéder, incompatible avec un commerce régulier, mais on

forçait les marchands à prendre des mesures conformes à l'étalon seigneurial. Cet étalon était déposé entre les mains de la municipalité, et la preuve de la conformité résultait d'un signe extérieur, *seing* ou *senhal*, apposé par un forgeron. Ce système est encore celui qui se pratique de nos jours, avec cette différence, que le signe grossier du forgeron est remplacé par le poinçon du vérificateur. Voir Beaum., chap. XXVI, *Des mesures et des poids*, t. I, p. 370 ; *Cout. d'Agen*, chap. III.

(265) Ce passage n'est pas fort clair. Voici comment s'exprime la coutume d'Auch pour rendre la même idée : *Amittat vinum à clepsedrâ seu canellâ per quam exit vinum de dolio*, art. 47. Le *douzil*, en latin *ducillus* ou *docellus*, voir Ducange, v° DUCILLUS, et en latin plus recherché *clepsedra*, voir Ducange, his v^is^, était un petit morceau de bois à l'aide duquel on fermait hermétiquement un trou pratiqué dans une barrique. En retirant ce morceau de bois on rouvrait ce trou, et, le vin s'écoulant presque en entier, il ne restait que ce qui se trouvait au-dessous de ce trou, et qui devait être fort peu de chose. — *Vaissel* de *vas*, *vaissela*, désigne la futaille destinée à renfermer le vin. Nous disons encore aujourd'hui la *vaisselle vinaire*. Voir Ducange, v° VAISSELA. — A Agen, on brisait la mesure au lieu de la brûler : *E la mezura sera peciada*. Voir *Cout. d'Agen*, chap. XIV.

(266) Mesure vinaire, ainsi nommée, à ce qu'on croit, parce qu'elle était un quart du tonneau. Dans certaines contrées de la France, on vend encore le vin par *quartaud*. Voir Ducange, v° QUARTALE. — Ce *quart* ou *quartaud* se divisait en *barrils* (*barellus*), et en *comportes*, dénominations encore en usage dans le pays. Voir Ducange, v° BARELLUS.

(267) Les coutumes d'Agen n'admettaient pas l'intervention du bailli dans les actes émanés de l'autorité municipale ; ils y admettaient seulement les notables de la ville : *Lo cosselh pot far ab los proshomes establiment à Agen*, chap. XXIX. — Mais ce principe n'était pas suivi, et partout ailleurs on exigeait la présence du représentant seigneurial. — *Establiment*, en latin *stabilimentum*, mot devenu célèbre par le titre donné au livre qui porte le nom d'Établissements de *saint Louis* ; il signifiait tout simplement *ordonnance, statut, acte de l'autorité publique*. Ce n'est probablement pas sans résistance que les seigneurs purent se décider à partager avec leurs vassaux une de leurs plus précieuses prérogatives. Le droit attribué à l'autorité municipale de procéder par voie de *statuts* s'est conservé jusqu'à nos jours, seulement ces *statuts* prennent la dénomination d'*arrêtés*. Ils sont garantis par l'article 471, § 15, du Code pénal.

(268) L'habitude de tenir les audiences sur la place publique était générale au moyen âge. A Lectoure, les seigneurs s'assemblaient sur la grande rue : *Li senhor devon tenir lor cort en la carrerra major*. Montlezun, *Hist. de Gascogne*, t. VI, p. 81. — Le chêne sous lequel saint Louis rendait la justice en compagnie de Pierre des Fontaines et de Geoffroy de Villette est devenu historique, *Mém. de Joinv.*, liv. I. — Ce prince rendait également la justice dans son jardin : *Aussi plusieurs foiz ay veu que, ou dit temps d'esté, le bon roy venoit au jardin de Paris..., et là faisoit despêcher son peuple diligemment, comme vous ay davant dit du boys de Vincennes*. Joinv., *ibid*. — Au seizième siècle cette simplicité primitive était tombée

dans le ridicule, et les juges de village, qui continuaient à siéger sur la place, avaient reçu le nom de *juges sous l'orme*. Le simple choix du lieu indique suffisamment que la publicité devait y présider à tous les débats, plaids ou questions. Le mot *questio* employé dans l'article, signifiait tout simplement *querelle*. Voir Ducange, v[ls] QUESTIO et QUÆRELA.

(269) Ainsi, dans le silence de la loi locale, il fallait recourir au droit écrit, c'est-à-dire au droit romain, ou tout simplement *au droit*. Ce principe se trouve consacré par un très-grand nombre de coutumes méridionales, et on peut le considérer comme étant de droit commun dans le Midi ; il témoigne au reste du progrès des études juridiques à cette époque ; il fallait, en effet, que le droit romain fût bien répandu pour qu'il pût être invoqué dans de modestes juridictions comme celle de Larroque, dont il n'est pas d'ailleurs inutile de faire remarquer la variété. Tantôt c'est le bailli seul qui juge ; tantôt ce sont les consuls, également seuls ; et tantôt enfin c'est la cour générale des seigneurs. Il y a là des nuances infinies de compétences et d'attributions.

(270) Le texte de ce passage est ainsi conçu dans le manuscrit : *Quand sera enfant melhur ax que posco far leurs vers*. Un pareil texte demande évidemment une rectification. Je l'ai essayée, non sans hésitation, et je donne la mienne pour ce qu'elle vaut. Elle repose sur la supposition d'une paraphrase du mot *idonei*, ou du mot *sufficientes*, qu'on trouve quelquefois dans les chartes au sujet des baillis, des consuls et des délégués de l'autorité publique.

Les notaires primitifs, appelés plus ordinairement *clers*, parce qu'ils appartenaient d'ordinaire aux ordres inférieurs du clergé, étaient tout simplement les secrétaires des seigneurs. En cette qualité, ils dressaient acte de leurs jugements quand ils en étaient requis, et y ajoutaient le sceau seigneurial dont ils avaient la disposition. Leurs fonctions étaient donc les mêmes que celles que nous attribuons aujourd'hui aux *greffiers*. Ces actes étaient délivrés en brevet, et rien n'indique qu'ils eussent alors l'habitude d'en retenir *note* ou *minute*. Indépendamment de leurs jugements, les seigneurs attestaient par la présence de leur sceau la sincérité des conventions faites par eux-mêmes et par leurs vassaux. Voir Beaum., chap. XXXV, art. 18, t. II, p. 48. — Il était naturel que les notaires dépositaires de ce sceau écrivissent eux-mêmes les actes auxquels ils devaient donner ce cachet d'authenticité. Les villes, en devenant des personnes civiles, voulurent aussi avoir des sceaux. Par suite, il leur fallut des notaires pour en faire l'apposition au bas des actes. Mais cette apposition était une source de dépenses considérables ; pour s'y soustraire, les parties renoncèrent à la réclamer, et se contentèrent du paraphe, *seing* ou *senhal* du notaire : de là la formule qui terminait alors leurs actes : *In præsentiâ testium et ejus notarii qui hanc cartam scripsi et signo meo consueto notavi*. Suivait un signe bizarre inventé par le caprice, et dont on s'épuiserait en vain à rechercher le sens.

(271) *Plenera auctoritat de far generalment e universalement cartas, instruments, notas, prothocols, actes escriure, testimonis examinar e publicar aquels*. Cout. d'Agen, chap. XLIX.

Pour cette autorité attachée aux actes des notaires, on lit dans la *Coutume de Solomiac* (Gers), de 1327 :

Instrumenta facta a publicis notariis illam habeant firmitatem quam publica instrumenta. Sol., art. 24 ; Bladé, Cout. munic. du Gers, p. 167.

Quant aux franchises des notaires d'Agen, elles consistaient dans l'exemption de toutes charges municipales : *e li notari devo estre francs de questa et d'ost de vila.* Cout. d'Agen, *ibid.* — A Agen, enfin, les notaires étaient soumis à un tarif dont le taux le plus ordinaire varie de 2 à 4 deniers. On n'y trouve qu'une seule espèce d'actes tarifés 10 sous.

(272) *Tarif d'Agen*, chap. L.

De carta de reconnoissensa de feus. . . .	*IV diners.*
De carta de vendas de terras.	*IV diners.*
De carta de penhs (gage mobilier). . .	*II diners.*
De carta de deute.	*II diners.*

On n'y trouve rien de formel sur les actes de donation compris probablement dans les *cartas d'ordre* ou de testaments, et portés au maximum de 10 sous. L'obligation imposée aux notaires, sous des peines sévères, de prêter leur ministère, est empruntée aussi aux Coutumes d'Agen : *Si anar no i volia, el estara en la merse del cosselh en voluntat de perdre l'offici de la notaria.* Cout. d'Agen, chap. L. — Les autres peines indiquées à la fin de l'article comme appliquées à Agen dans les cas de forfaiture, devaient résulter de l'usage, car les coutumes de cette ville sont muettes à cet égard.

(273) Les délits commis *à rescot* étaient des délits cachés, faits en secret, de *recondere* et par corruption *rescondere*, cacher. Les enfants du pays appellent encore le jeu de cache-cache *rescondail*. Par contre, les délits commis publiquement étaient qualifiés d'*apparents*, *apparenter*, *per visum*, au vu et au su de tous. Voir Ducange, v° APPARENTER. — Cet article offre beaucoup de conformité avec l'article 33 des coutumes de Prayssas. Le principe d'ailleurs en était généralement appliqué, et on le retrouve dans l'article 388, § 3, du Code pénal. — *Escuders*, de *scutum*, écuyers, en latin *scutiferi*. Voir Ducange, bis v^is^. — *Mainadas*, maison féodale ou militaire, composée de tous les officiers, agents et serviteurs de toutes sortes. On dit encore aujourd'hui dans le même sens *la maison de l'empereur*. En vieux français, cette maison se nommait *mesnie* ou *mesnée*, et on en a fait le mot moderne *ménage*. Voir Ducange, v° MAISNADA.

(274) Cet article n'est que la reproduction, avec abaissement notable dans la peine, du paragraphe 62 ci-dessus. *Empenhera*, au lieu de *pisigera* ou *enpejosera*, voir Ducange, v^is^ PEJORARE, ENPEJORARE, paraît une mauvaise lecture. Il en est de même de *tirat en penh* pour *tirat en pejh : in pejus*, en vieux français *méhaignié* ou *méhainnié*. Il s'agit probablement de blessures légères.

(275) Probablement *afoliara*. *Afoliar*, ou plutôt *foliar*, *folliar*, en vieux français *follier*, c'était adresser des reproches, *convicia*, et par suite des paroles blessantes. Voir Ducange, v° FOLLIS, n° 3. — On lit dans les *Établissements de saint Louis : Se aucun apele un autre faus, ou larron, ou meurtrier, ou aucune autre* FOLIE *vilene*, liv. I, chap. CXLVIII.

(276) *Amende honorable, réparation d'honneur.* C'était ce que, dans l'ancien droit, on appelait *amende honorable sèche.* Voir Ferr., *Dict. de pratique*, v° AMENDE. — Cette peine se retrouve dans l'article 226 du Code pénal, mais elle tend à tomber en désuétude. Les tribunaux n'en font que de rares applications.

(277) Ce *ban* n'est autre que ce qu'on a appelé plus tard *saisie féodale.* Elle consistait dans la main-mise du seigneur sur l'immeuble sujet aux droits féodaux non acquittés. Le seigneur restait en possession jusqu'à acquittement, à la différence de la saisie, *penhora*, qui pouvait être poussée jusqu'à l'expropriation. Cette main-mise s'opérait au moyen d'un signe extérieur planté sur l'immeuble et qui en interdisait l'accès à tout le monde. Ce signe était comme une proclamation publique, et c'est de là que ce genre de saisie paraît avoir tenu sa qualification spéciale de *ban. Bannus*, en effet, ou *bannum*, était, comme dit Ducange, v° BANNUM, un acte de l'autorité publique, *edictum publicum, proclamatio, statuti proclamatio.* Nous disons encore aujourd'hui dans le même sens *les bans de vendange, les bans de mariage, l'infraction de ban*, etc. Le droit de mettre le ban sur une terre était un droit dont les seigneurs étaient extrêmement jaloux. Ainsi, on lit dans les *Établ. de saint Louis*, liv. I, chap. XXIV : *L rois ne puet metre ban en la terre au baron sans son assentement, ne li bers ne puet metre ban en la terre au vavasseur.*

(278) Tout le monde sait ce que c'est qu'une mainlevée de saisie, mais il peut paraître étrange que cette mainlevée puisse être exigée du créancier moyennant une simple caution. Au moyen âge, les droits des créanciers n'étaient pas favorables : les mesures coercitives l'étaient encore moins, et il paraissait tout simple d'en atténuer les effets. Des dispositions comme celles de notre coutume étaient très-communes. Voir Ducange, v° MANU-LEVATIO. *Se li accusés pot livrer pléges de la valeur que li seigneur tiennent saisi, recréance* (restitution) *li doit estre fete des coses saisies.* Beaum., chap. LI, art. 3; t. II, p. 274.

(279) La *raube* paraît avoir été un vol d'une nature particulière, consistant principalement en ce que les victimes de ce vol étaient dépouillées de leurs vêtements, ce qui ne pouvait se faire qu'autant que la personne dépouillée se trouvait hors de son domicile, dans des lieux et dans des conditions où il lui était difficile de se défendre. Il paraît correspondre, sauf la peine, à ce que les *Établissements de saint Louis* nomment *eschapelerie* ou enlèvement de l'*écharpe.* On s'étonne de voir réduire à une amende la peine d'un crime aussi grave, pour lequel les *Établissements* prononcent la peine de mort. Voir liv. I, chap. XXVI. — Ce mot *raube* paraît venir d'un vieux mot tudesque *raub* ou *raup*, fréquemment employé dans les lois barbares pour exprimer la spoliation. Voir Ducange, v° RAUB. — Nous avons fait de ce mot le mot *dérober.* On trouve dans les coutumes de Bordeaux une espèce de définition de ce vol : *Nuls hom no s pot aperar raubat de jorns, e la rasson es que de jorns tot lo mont ac pot veder, e pot hom cridar biaffora ajuda.* Cout. de Bord., § 32; édit. Lamothe, t. I, p. 29. — Il suit de cette définition que la *robe* était un vol de nuit, ou un vol commis dans des circonstances où il n'était pas possible d'appeler du secours.

(280) La *penhora*, en latin *pigneria* ou *pignoria*, était la saisie mobilière. Ce mot dérivait de *pignus*. Voir Ducange, his v[is]. — Il ne doit pas être confondu avec le *penhs*, gage, qui cependant dérivait de la même source.

(281) Le mot *tornar* signifiait habituellement *retraire*, d'où *torn*, retrait. Il pouvait aussi signifier *divertir*, *détourner*. Il ne peut être pris ici que dans ce dernier sens. Voir Ducange, v° TORNARE.

(282) Cette interpellation tenait lieu de notre procédure en conciliation. Voici en quoi elle consistait. L'individu ayant une réclamation à faire allait trouver son adversaire en voisin, *vesinalment*, et lui adressait amiablement sa demande. C'était ce qu'on appelait *enquerre*, *enquérir*, *inquirere*, de *quærere*, chercher, demander. Si le voisin interpellé prenait condamnation, tout était fini; s'il contestait, il pouvait offrir un arbitrage confié aux consuls. Cette offre, quand elle était accompagnée d'une caution, ne pouvait pas être refusée. Cette formalité avait un double avantage : 1° de se soustraire aux droits onéreux attachés à la marche d'une procédure régulière; 2° d'ouvrir aux consuls des occasions de faire acte de juridiction en matière civile. On la retrouve à *Agen*, chap. V; à *Sérignac*, chap. XXXVIII, et dans une foule d'autres textes appartenant à la France méridionale. Les mots *s'en pengne*, *se pegnabe*, sont dans le texte. J'ai dû les reproduire, mais je n'ai pu les retrouver dans aucun dictionnaire. Ils paraissent devoir signifier *se plaindre*.

(283) Les habitants de Larroque étaient soumis, comme ceux de toutes les autres villes voisines, au régime des banalités. Dans cette situation ils avaient intérêt à diminuer autant que possible le bénéfice des meuniers et des fourniers, bénéfice qui se prélevait en nature. On voit, par ce texte, qu'il était réglé, pour les fourniers, à 1 pain sur 17, soit 5 1/2 pour 100, et pour les meuniers, à 1 boisseau sur 16, soit environ 6 pour 100. En tout, mouture et cuisson, 11 1/2 pour 100. Avant la liberté de la boulangerie, on passait aux boulangers d'Agen environ 11 pour 100 par hectolitre. Le régime des banalités n'était donc guère plus onéreux que celui de la taxe. Reste à apprécier celui de la liberté.

(284) *Issue*, *sortie*. Voir Ducange, v° EXITUS, n° 4. — Ce mot signifiait aussi *revenu*, *rente*, *profits habituels*. Dans ce dernier sens, il pourrait s'appliquer aux entrées de marchandises, et aux ventes sur place plutôt qu'aux sorties.

Saumada, charge à dos d'âne. Voir Ducange, v° SAGMA.

Rossari. Le texte porte *rossavi*, charge de petit cheval appelé *rossin*, *roussin* ou *roncin*, dont nous avons fait *rosse*. Voir Ducange, v° RUNCINUS.

Conca. Le texte porte par erreur *carga*, mesure ordinaire pour les grains en Agenais. Voir *Cout. d'Agen*, chap. III.

Troja, truie. Voir Ducange, v° TROIA. On dit encore dans le pays *trejo* ou *troujo*.

Ovelha, brebis. Voir Ducange, v° OVILHA. On dit encore dans le pays *oueilho*.

Moto, *cabra*, *boc*, mouton, chèvre, bouc.

Ase, âne, de *asinus*.

Sauma, ânesse.

Ega ou *equa*, jument. D'où on avait fait *haquenée*. Les droits variaient suivant l'âge. Les chevaux jeunes n'étaient point ferrés.

Beu, baca, bœuf, vache. *Beu popan*, veau encore allaité.

Palmada, mesure spéciale du sel. *Quantùm salis palma manûs continere potest*. Ducange, v° PALMA.

Leida. Nom général donné aux droits levés sur la vente des marchandises. Voir Ducange, v° LEUDIS.

(285) Les dispositions de cet article se retrouvent dans presque toutes les chartes de coutumes, avec plus ou moins de détails. Elles ont passé dans les articles 388 et 475, § 10 et 15, du Code pénal. — *Casal*, jardin, mot encore en usage dans le pays. — *Ortalessia*, jardinage, de *hortus*; — *pecha*, produit des amendes inférieures. *Noxa*, même sens ou à peu près. L'institution des gardes champêtres est, comme on voit, très-ancienne. Peu de coutumes cependant en parlent d'une manière aussi explicite.

(286) Cf. *Coutumes d'Agen*, chap. XXVII. — Presque toutes les coutumes de l'Agenais et des provinces voisines ont un article sur la dot, et les principes sont partout les mêmes. Les coutumes d'Agen ajoutent que la dot est inaliénable : *Lo marit pot aver e possedir e uzar e espleitar... pero senes alienar*, chap. XXVII.

(287) Il y a ici, dans le texte, une forte omission. Je l'ai réparée à l'aide des coutumes de Puymirol, art. 42, où se trouve un texte à peu près identique. On retrouve ici cet esprit coutumier toujours favorable au débiteur. Cf. *Agen*, chap. XXIII. — On lit dans Beaumanoir : *Quant aucuns doit... se li mueble peuvent suffire, li héritages doit demourer en pes, et s'il ne pot souffire, adont le doit on contraindre qu'il ait vendu son héritage dedeus 40 jors*. Beaum. chap. LIV, art. 1; t. II, p. 307. — L'esprit de ces dispositions a passé dans l'article 1244 du Code Napoléon.

(288) La liste des objets insaisissables variait naturellement selon la condition du saisi. Les coutumes d'Agen et de Puymirol, applicables en majeure partie à de pauvres gens, se livrent, à peu de chose près, à la même énumération, à savoir : le lit ou l'on couche, *on jaïra*, de *jacere*; les armes, *armaduras*, dont chacun devait être pourvu soit pour sa défense, soit pour la défense générale du fief; les outils, *los ants*, appelés aussi *ferraments* ou *ferraduras*, parce qu'ils étaient généralement en fer; ses vêtements indispensables, *son vestir*. Ces dispositions sont entrées, sauf les armes, dans l'article 592 du Code de procédure civile. Les *Établissements de saint Louis* y ajoutent, pour le gentilhomme, *son palefroi*, le *roncin* ou cheval de son écuyer, deux selles, son costume d'apparat, *sa robe à contoyer*, un *fermail*, un anneau, *anel*, et pour sa femme une *robe*, une ceinture, une *aumonière*, un *fermail*, ses *guimpes* et ses bijoux, *joyaux avenants*. Establ., liv. I, chap. LIV et LXIII. — D'après Beaumanoir, on ne pouvait rien saisir dans la chambre des dames : *Defense est fete que por dete on ne voist penre en cambre à dame, ne de damoisele, ne de feme qui gise d'enfant*. Beaum., chap. LIV, art. 7; t. II, p. 313.

(289) La trahison était le meurtre ou l'agression sans aucune manifestation antérieure qui pût mettre la victime en mesure de se garder : *Traïsons, si est quant on ne monstre pas sanllant de haine et on het mortellement*,

si que par le haine on tue ou fet tuer ou bat ou fet batre. Beaum., chap. XXX, art. 4; t. I, p. 412. — Ce crime était réputé le plus grave de tous les crimes, et la preuve pouvait en être faite par le combat. Vers la fin du treizième siècle, ce mode de preuve, si populaire dans les siècles précédents, tendait de plus en plus à disparaître. La noblesse seule paraissait y attacher quelque prix. L'idée de n'emprunter qu'à elle-même et à son épée la justification de son droit plaisait encore à son orgueil, mais l'expérience n'avait pas laissé que de l'avertir des périls d'une semblable procédure. En conséquence, elle y avait à peu près renoncé en matière civile. Quant à la bourgeoisie des villes, ce mode de preuve paraît lui avoir toujours plus ou moins répugné. L'habitude et les mœurs ne permettaient pas de la repousser ouvertement, mais on s'arrangea de manière à en rendre l'application très-rare. On voit, par ce texte, calqué en grande partie sur le chapitre LI des coutumes d'Agen, que le duel ou combat judiciaire n'était admissible que dans les accusations de trahison : encore fallait-il, pour qu'elle fût admise, que l'accusé y consentît ou répondît à l'accusation avec une légèreté équivalente à un consentement. La règle tracée dans cet article se retrouve dans presque toutes les coutumes méridionales, et l'on peut dire qu'elle était de droit commun dans le Midi, où du reste ce mode de preuve ne tarda pas à tomber dans un complet discrédit.

(290) Chaque province, ou à peu près, avait un formulaire spécial pour les duels. Cet article nous apprend qu'il en existait un pour l'Agenais. Il n'a pas été retrouvé. On a conservé celui de Bordeaux, publié par les frères Lamothe avec les coutmes de cette ville.

(291) La stipulation de droits d'usage dans les forêts seigneuriales était à peu près générale dans toutes les chartes de coutumes. Les seigneurs possédaient partout d'immenses forêts que leur nombre, leur étendue et la faiblesse numérique de la population rendaient presque sans valeur. En conséquence, ils laissaient leurs vassaux y puiser largement pour leurs besoins. Plus tard, quand ces forêts eurent acquis de la valeur, comme cette valeur ne procédait que d'un développement des libertés civiles, il fallut conserver ces usages, de peur de mécontenter les habitants et les empêcher de se transporter ailleurs. La jurisprudence du Parlement rapportée dans les *Olim* exigeait un titre, et ce titre était rarement refusé. La plupart des droits concédés à cette époque existent encore au profit des communes. — *Calfage, calfagium, calefagium,* chauffage. Voir Ducange, his v^is; art. 81 du Code for. — *Fustas, fustis,* bois, dont nous avons fait les mots *fût* et *futaille* employés dans le commerce des vins. — *Lenha, lignum,* également bois. On dit encore dans le pays la *legno* pour exprimer le menu bois. La différence entre la *fusta* et la *lenha* devait être celle-ci : la *fusta* désignait le gros bois, et la *lenha* le petit bois. — *Pastenghs, pastinagium,* panage, glandée. Voir Ducange, his v^is. — On peut l'entendre aussi dans le sens de *pâturage.* Code for., art. 70. — *Terras hermas,* terres incultes, terres vaines et vagues. Voir Ducange, v° EREMUS. — La règle qui ne permet pas de revendre ce qui est acquis pour un usage personnel est consacrée par le Code forestier, art. 83.

www.ingramcontent.com/pod-product-compliance
Ingram Content Group UK Ltd.
Pitfield, Milton Keynes, MK11 3LW, UK
UKHW021230230726
13926UKWH00003B/1355